U0896833

时光印记

SHIGUANG YINJI
GONGDA LAOZHAOPIAN DE
GUSHI

——工大老照片的故事

主编⊙周　军　胡兴祥　尹焕霞

合肥工業大學出版社
HEFEI UNIVERSITY OF TECHNOLOGY PRESS

图书在版编目（CIP）数据

时光印记：工大老照片的故事/周军，胡兴祥，尹焕霞主编。—合肥：合肥工业大学出版社，2015. 9

ISBN 978-7-5650-2428-3

Ⅰ.①时… Ⅱ.①周… ②胡… ③尹… Ⅲ.①合肥工业大学—校史—图集 Ⅳ.①G649.285.41-64

中国版本图书馆CIP数据核字（2015）第218206号

时光印记——工大老照片的故事

周　军　胡兴祥　尹焕霞　主编　　　　责任编辑　权　怡

出　版	合肥工业大学出版社	版　次	2015 年 9 月第 1 版
地　址	合肥市屯溪路 193 号	印　次	2015 年 9 月第 1 次印刷
邮　编	230009	开　本	710×1000　1/16
电　话	编 校 中 心：0551-62903210	印　张	15
	市场营销中心：0551-62903198	字　数	147 千字
网　址	www.hfutpress.com.cn	印　刷	安徽联众印刷有限公司
E-mail	press@hfutpress.com.cn	发　行	全国新华书店

ISBN 978-7-5650-2428-3　　　　定价：66.00 元

如有影响阅读的印装质量问题，请与出版社发行部联系调换

合肥工业大学建校70周年校园文化丛书

编 委 会

《时光印记——工大老照片的故事》

主　编　周　军　胡兴祥　尹焕霞

总　序

在全国上下隆重纪念中国人民抗日战争暨世界反法西斯战争胜利70周年的庄严时刻，合肥工业大学也迎来了建校70周年喜庆的日子。

七十载沧桑砥砺，七十年春华秋实。从1945年10月建校初始，到学校借改革春风，迎来新的辉煌，合肥工业大学始终以民族振兴和社会进步为己任，践行“工业报国”之使命，形成了鲜明的办学特色和优良的光荣传统，一代代工大人“艰苦奋斗、自强不息、追求卓越、勇攀高峰”，为社会进步和文明发展做出了重要贡献。

当创新驱动引领经济发展新常态，合肥工业大学面临重要发展机遇期，也面临新挑战。在校党委的领导下，全校师生深入学习贯彻党的十八大，十八届三中、四中全会精神和习近平总书记系列重要讲话精神，全面贯彻“四个全面”战略布局，科学谋划“十三五”规划，全面加强顶层设计，全面深化改革，全面推进依法治校，全面从严治党，全力推进学校内涵发展，为建设世界一流学科的高水平大学，为实现“两个百年”目标和中华民族伟大复兴不懈努力。

为继续弘扬“厚德、笃学、崇实、尚新”的校训精神，着力挖掘和凝练工大文化传统，展示建校70年特别是近十年来学校办学成果及发展成就，建校70周年校园文化丛书编委会在学校有关部门、学院的大力支持下，筹划编写了系列丛书《工业报国别样情》《时光印记——工大老照片的故事》《媒体看工大（2010—2015）》，力图多角度地诉说生动的工大故事，展现多彩的工大文化，真实、全景式地表达工大人工业报国的赤子情怀。这套丛书的出版，对推动我校校园文化建设必将是一次有益的尝试。

希望读者通过阅读此套丛书，领略工大文化的精髓，感知工大人最本真的精神风貌。我们相信，优良的文化传统和工大精神将滋养更多工大人攻坚克难，开创更加美好的明天。

在此，感谢媒体对合肥工业大学的关心支持，感谢校友们对学校的深切关怀和帮助，感谢工大前辈们以及教务部、科学技术研究院、研究生院、校务部、国际事务部、学生工作部、团委、学生就业指导中心、大学生资助服务中心、人文与素质教育中心等部门为此丛书提供的不遗余力的支持，感谢老师们、同学们，感谢为本系列丛书出版提供帮助和支持的所有工大人！

建校70周年校园文化建设丛书编委会

2015年9月

前　言

《时光印记——工大老照片的故事》是一部以合肥工大老照片为主题的图文资料，收录了近400幅合肥工业大学的“老照片”。在母校合肥工大70华诞前夕，做一些历史资料的搜集和整理，对母校的发展做一次深情的回望，出版这部书，应该算是一次饱满的寻根之旅，也是学校文化建设丛书开发的应有之举。

历史车轮浩浩向前，身处全球化时代的人们，在滚滚红尘中，不得不憋足了劲往前跑，使我们有所得也有所失，而精神家园的沦陷，恐怕是当今社会人们共同遭遇的一种生存沮丧。在适当的时候停下脚步，回头看看我们收藏了什么，丢失了什么，做一些深沉的思考，是不是更有利于我们建构继续前行的新路径？

有人常发出这样的感慨：“大学生活只是漫漫人生中的几年，可她在我们的心中却是那么多姿多彩，丰实而凝重，是我们永远怀念的记忆。”可以说，虽然我们的躯体是父母给的，精神世界却可以是母校给予的。

借助老照片的故事重新走进母校，了解她的过往，是为了更好地把握她的现在，建设她的未来，这既是对她70华诞的嘉贺，也是给予我们工大人丰盛的精神滋养，具有特殊的意义。

本图书在编撰上力求做到图文互动。老照片是叙事的主角，文字是对“图”的诠释和阐发。那一张张泛黄的照片，制造了浓厚的历史现场感，给人以强烈的冲击，读者会真切地感受到母校及其所处时代的那些情味，见证更为逼真的工大历史文化，这样，我们阅读的兴趣由此生发，并且从内心深处生出一种强烈的情感：工大真好！编者也相信，那些对母校怀有至情至爱的人多少是因为校园生活中那些亲切的事情而使他们在很多年后依旧对母校萦萦于怀。

也许，什么话也不用说，那丰富得直撞你心房的色彩，工大的一砖一瓦、教室里、操场上、图书馆……每一个身影已令你陶醉。

让我们保有这份共同的记忆吧，这是我们共有的精神沃土。年轻的心在这里欢跳，激情的青春在这里燃烧，衷情的爱在这里激荡，理想氤氲的汗水在这里飘洒……这里有循循善诱的师长开启我们的心智，有皓首穷经的学者领我们走上事业征途，有心相连、性相通的同窗与我们共谱心曲。

是她，慈母般聆听了我们的心跳，滋养了我们的精神，成就了我们的身份认同，赋予了我们一个共同的名字——“工大人”。

风雨兼程，春华秋实。在她 70 华诞来临之际，让我们再一次深情回望——或许，我们未曾进入谁的视野、引起谁的关注，而她关注我们的眸子执着而专注！

我们都是她的孩子，面对一张张照片，除了记忆，心中泛起的该是怎样别有的情愫！该存几多遐想，几多感慨？

我们是工大的儿女，更是工大的主人。风筝飞得再高也会惦念地上的线，孩子走得再远也是母亲的骄傲。天涯海角，我们是一脉相承的工大人，曾经在那个魂牵梦萦的校园，度过最美好的流金岁月。

繁盛的生机和蓬勃的生命在光影重叠间流光溢彩。苍苍林木是她的峻拔，依依垂柳是她的柔情，在她那温暖广阔的胸膛，演绎的是永恒的明日繁华。在母校 70 华诞之际，让我们虔心祝愿我们的工大铸高山之崔巍，谱骄阳之华彩！

目　　录

第一篇 足 迹

放眼观之，今之名校者，除却当下成就之辉煌，大多拥有值得骄矜的历史，以显赫的出身或发轫之渊博而卓越地睥睨群雄、傲视同侪。你起于垅亩，涉乎偏隅，从蚌埠黄庄走来，既无钦定之权耀，又少有来自四海之财智，硬是以匹夫之责勇，扛起了千千万中国人的梦想，以最深厚质朴的情怀和操守，滋养了一代代优秀的工大学子。

时光荏苒间，匆匆岁月，已时70年。你踏雪寻春，涵强国兴邦负鼎之愿。扎根江淮，工业报国，丹心日月可鉴。千里跬步，三徙其址，数易其名，薪火相继展宏图，云起龙骧创纪元。

你的荣光属于刚健的筋骨和馥郁的汗水！

在你70华诞之际，几代代工大人心潮涌动，情系回家。

拿什么奉献给你，我的母校！

老屋、老人、老故事是心的归宿，这里只想钩沉拾遗，爬梳剔抉，希冀以一些“记忆的片段”引发我们“思古之幽情”，体味你励精图治、筚路蓝缕的艰辛与曲折，激发我们迎风巨帆高挂、淬炼精神创新的豪情。

源远流长兴万代，枝繁叶茂旺千秋。潺潺涧流，以其鲜活灵动的执着，穿山绕谷，奔流成磅礴之江海。你从蚌埠黄庄到淮南洞山，再到合肥斛兵塘、翡翠湖，魅力宣城敬亭山。今日的合肥工业大学，钟灵毓秀，用脊梁挺起960万平方公里土地，用肩膀挑起华夏民族的复兴，穿越云雾，望眼世界。

1.1 你从蚌埠走来

那是在八年抗日的硝烟方才落定的 1945 年 10 月，人们的脸上充满忧虑与期盼，此时，你在蚌埠黄庄诞生了，名字叫作安徽省立蚌埠工业职业学校。

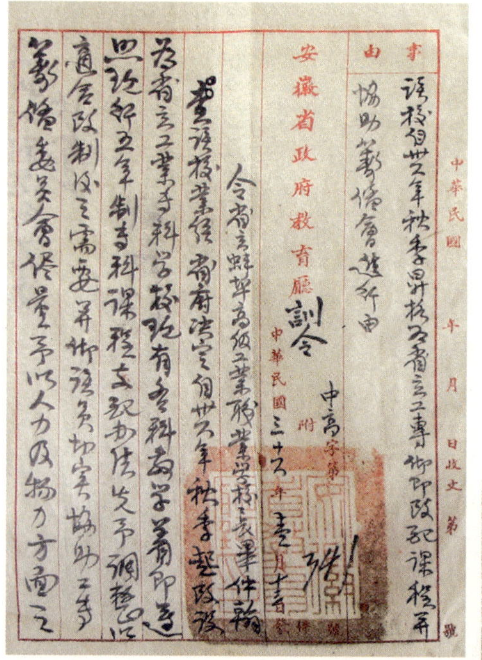
事由
安徽省政府教育廳 訓令
中華民國 年 月 日收文第 號

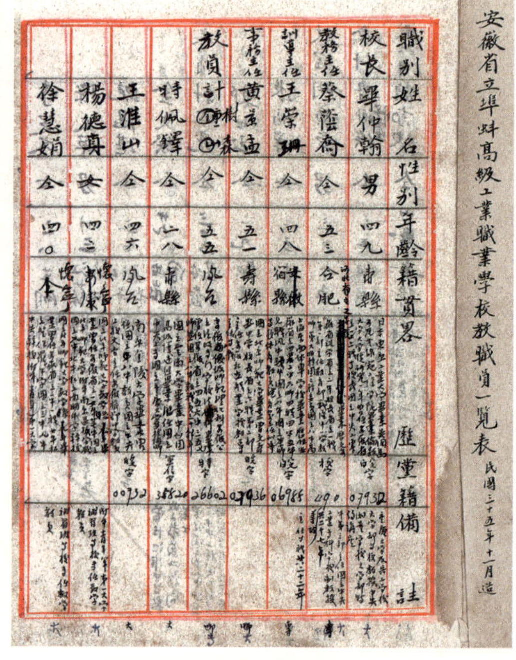
安徽省立蚌埠高級工業職業學校教職員一覽表 民國三十五年十一月造

職別	姓名	性別	年齡	籍貫
校長	畢仲翰	男	四九	肯縣

不会忘记，在那个不能再简易的校园，你吹箫引凤，把担当扛在肩上，奠定了合肥工大自强不息、求实严谨的精魂。

这是一张你在蚌埠时仅存的照片。在这低矮的草棚屋里住过的工大人，如今面对它时，在追忆之余，该存几多感慨。而后来的我们，恐怕只能张开想象的翅膀，飞往历史的岁月！

1.2 淮南洞山歌声嘹亮

淮南洞山，合肥工业大学的第二故乡。这是一个让数代工大人难以忘怀的地方。你的智慧，是把根深深扎进祖国建设的土壤中。迎着旭阳，厚积薄发。

我们来了！从祖国的四面八方。

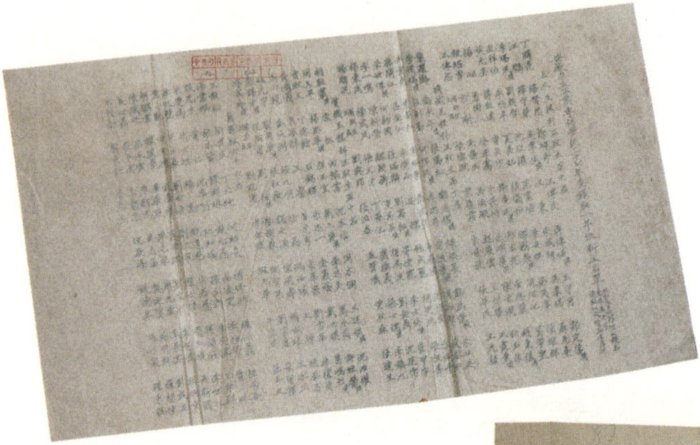

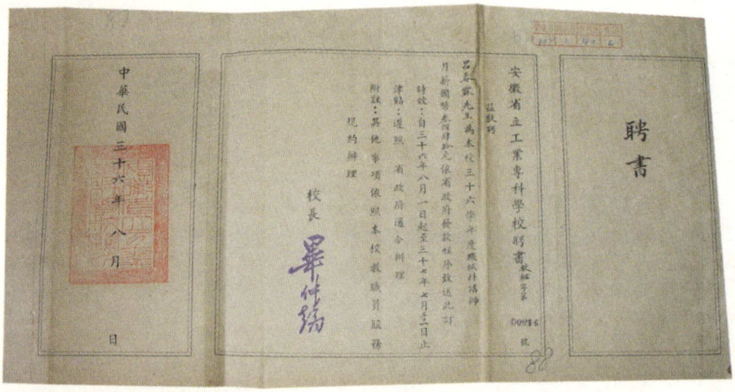

聘書

安徽省立工業專科學校聘書

茲敦聘

先生為本校三十六學年度

時效：自三十六年八月一日起至三十七年七月三十一日止

津貼：遵照 省政府通令辦理

附註：其他事項依照本校教職員服務規約辦理

校長

中華民國三十六年八月 日

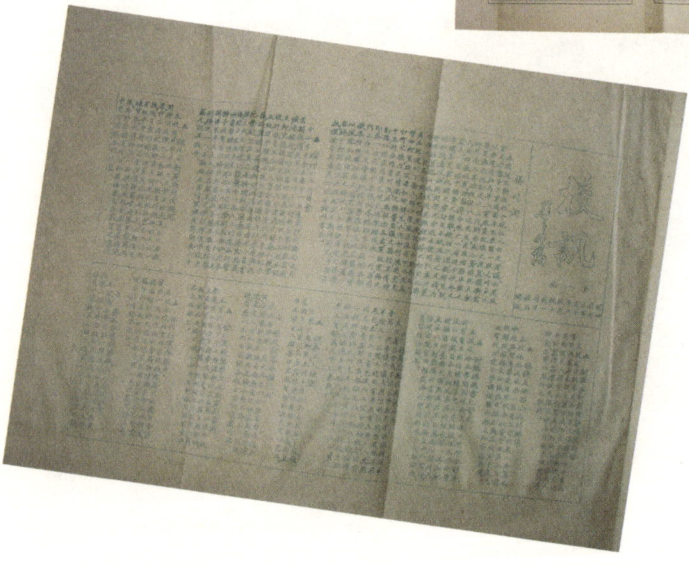

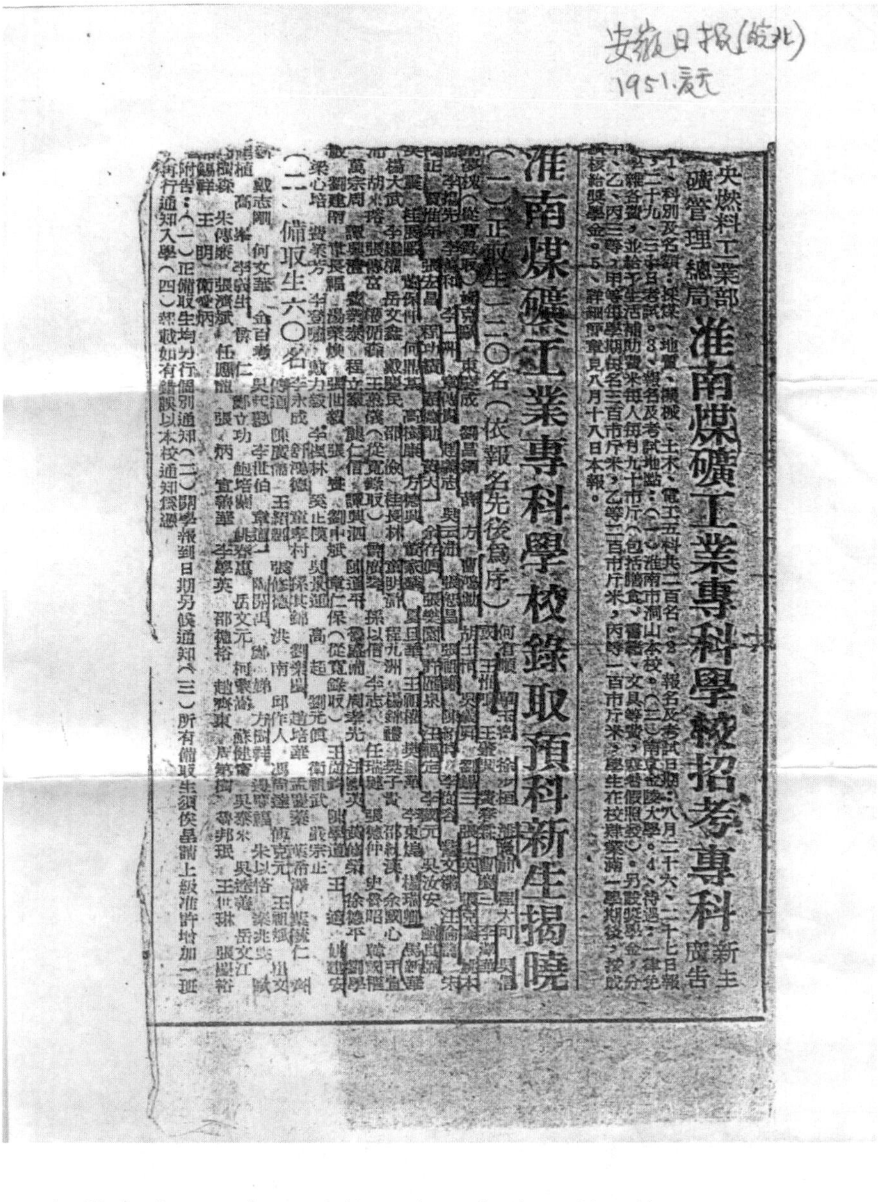

安徽日报（皖北）
1951.夏天

中央燃料工業部
礦管理總局
淮南煤礦工業專科學校招考專科新生廣告

1、科別及名額：採煤、地質、機械、土木、電工五科共二百名。2、報名及考試日期：八月二十六、二十七日報名，二十九、三十日考試。3、報名及考試地點：（一）淮南市洞山本校。（二）南京金陵大學。4、待遇：一律免收雜各費，並給予生活補助費米每人每月九十市斤（包括膳食、書籍、文具等費，寒暑假照發）。另設獎學金，分甲、乙、丙三等，甲等每學期每名三百市斤米，乙等二百市斤米，丙等一百市斤米，學生在校肄業滿一學期後，按成績給獎學金。5、詳細簡章見八月十八日本報。

淮南煤礦工業專科學校錄取預科新生揭曉

（一）正取生二二〇名（依報名先後爲序）

[illegible]

（二）備取生六〇名

[illegible]

附告：（一）正備取生均另行個別通知（二）開學報到日期另候通知（三）所有備取生須俟呈請上級准許增加一班再行通知入學（四）報載如有錯誤以本校通知爲準

相聚在这里，留下母校斑斓历史的七彩一抹。

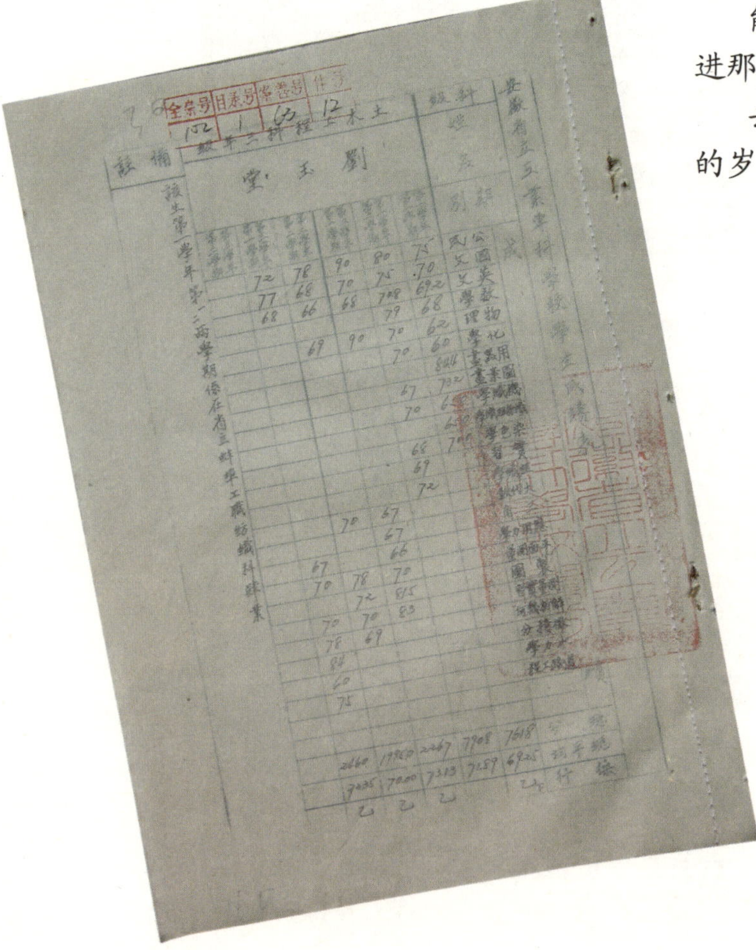

这一本本记事册，
一张张纸笺，
一个个符号，
能否牵引着你走进那时光的深处，
去探寻那些曾经的岁月……

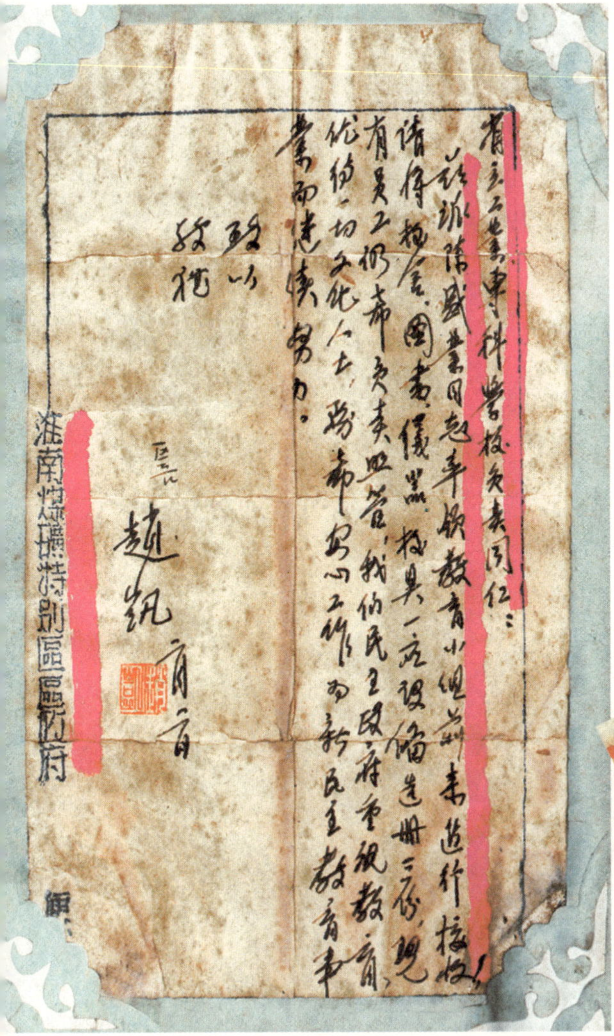

春风绿了淮南的山岗，阳光洒满校园的角落。你几经易名，蓬勃发展。

一栋栋建筑就是一段段人的历史。还有多少工大人，在讲诉着这里发生的故事！

我们，也停下了匆匆的脚步，深情地回望和倾听……

你把目光投向远方，
而我，看到了——绿叶对根的情意。

在昂扬的弦歌声中，
洗去脚上的泥泞，
我们一头扎进书海和工地，
誓向科学堡垒进军。

呵——！
咱们煤矿工人最光荣！

知识瞬息化作了生产力。

你是否还记得？
——那如火如荼的建设年代！
——那激情澎湃的青春岁月！

是在研究新的采煤技术，还是在阅读着《钢铁是怎样炼成的》《海燕》，淬炼全新人生观和价值观？

力争上游，
不是口号！
你追我赶，
是工大人的时代坐标。

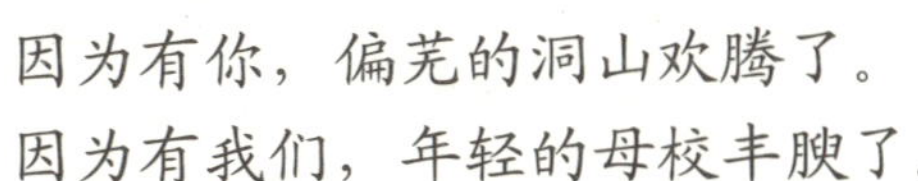

因为有你，偏芜的洞山欢腾了。
因为有我们，年轻的母校丰腴了。

淮南煤礦工業專科學校第三屆畢業

我们火热的青春沸腾着你年轻的生命，把那一片荒芜照耀成新世界的明媚。

影 1953.9.29.

1.3 屯溪路193号的故事

那是一个有了长远规划的建设年代，那是一个虔诚学习的年代，那也是一个激情燃烧的年代。在革命热情高涨，建设社会主义雄心万丈的背景下，屯溪路193号的故事注定是不平凡的。在苏联专家布斯洛夫的指导下，合肥工大的老师带领学生以“追苏赶美”的激情和干劲，用自己的双手和智慧建设美丽家园。

你的笑容，
灿烂了每一个日子。
显然，
你已经意识到，
自己已然站在一个崭新世纪
的地平线上。

如今，
面对着这一张张照片，
每一代，
每一个工大人，
该心存多少感慨？

●1958 年 10 月 7 日，

粗疏框架的北门掩不住她雄伟的气概;

典雅、庄严的主教学楼有些不怒自威的味道;

静谧安详、从容大度的斛兵塘畔，花红柳绿，莺歌燕舞……

举行成立庆典大会，正式挂牌

枕着一代枭雄的故事，工大人绵延着属于我们自己的精彩故事……

體育館

1982 合肥工业大学摄影贺年卡

1980 合肥工业大学年历片

在这些无法忘记的楼群里，可以倾听到这个世界最具活力的声音。在这些楼群间，上演着人类最古老也是最永恒的故事。

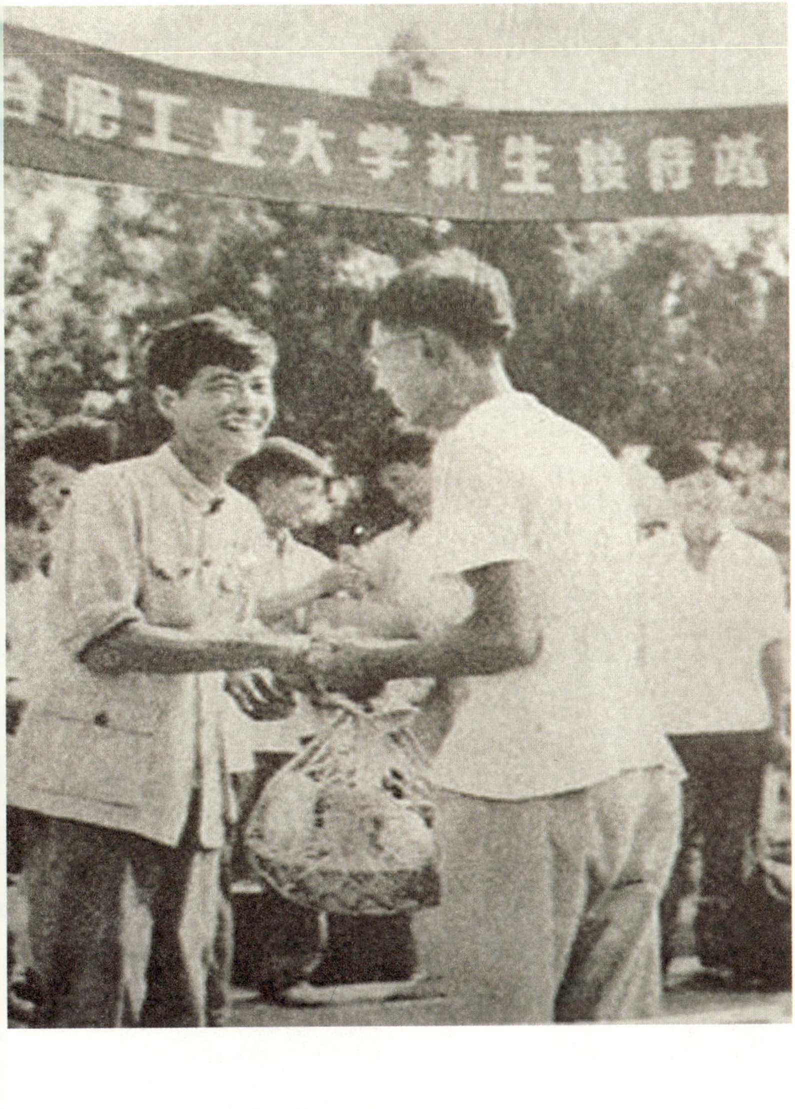

在拂面依依杨柳风中，
在迎来送往间，
你和我们一起成长。
虽历年月的曲折和坎坷，
虽承日子的欢喜和忧伤。
但每一天、每一年，
——一切都在老去中新生。

这份宁静和美好，不只属于你，也属于我，还有她们和他们。

这里，曾经跃动过多少奔腾的心，燃烧过多少热烈的火，

激荡过多少衷情的爱。而今，她矗立成工大人身后永恒的“背景”。

1.4 主楼记忆

蓝天下，主楼巍然而立，以她特有的气质诉说着历史与传承。

她那富丽堂皇的氤氲之气，讲述的是昨天、今天和明天的自信与豪情！沉静的她，因为有了充实的知识和创新的思维而显得那么厚重，又那么青春勃发。

工大人以这座楼为中心，把自己的个性，把学校的品格沉淀、发扬。富有笃实、开拓精神的人们在这里风云际会，鼓荡出民族工业振兴的风影。

在那火热的年代，她凝聚了工大人多少智慧与汗水，梦想与期待！

光阴流转间，她倾听着工大人一齐跳动的脉搏，站在那儿，目送着一代代工大人走向祖国的四面八方，走向世界各地……

合肥工业大学建筑工程系63級毕业生留影 一九六三年八月一日

我们，总会向她投以景仰的目光。

1.5 斛兵塘畅想曲

天气澄和，风物闲美。碧波轻漾，水光潋滟。
异峰奇石，垂柳依依。春来万绿映红，冬至腊梅吐芳，
朝观日出塔影，晚会月到风来。可妙步滨水观鱼，
睹鹭岛飞霞，白鹅戏水。驻足沧浪亭，发思古之幽情。

你的祥和灵动，不正是工大文化的灵感？

曲径通幽的湖畔，人来人往。斛兵塘，是民族文化的印记，更是学术的圣地，是工大人精神的沃土。波光粼粼的湖面静怡渺远，漾散了楼群苍树的倒影，令人沉醉。各种生命，以各自的姿态，在这里富饶地生长。你和我，还有他与她，是要与心灵澄澈的湖对话，做最直接的心灵撞击！我们笑歌在湖畔，我们沉思在湖畔，在湖光树影中度过的青春，难道不是最幸福的青春吗？

第二篇　躬行致知

带着真诚的理想，我们来了。轻轻地，推开我的校门，便走进了满园春色。在这片希望的田野上，我们虔诚地演绎着耕耘者之歌。你朴质恬淡的雍容，深沉和润的气脉，调和了我们坚毅、执着的担当。

那一间间教室里流转的智慧与光芒，是知识渊博的先生领着我们一头扎进学术圣地的一次次启航；实验室亮如白昼的灯光，实习工厂不息的机器鸣响，诠释了我们“艰苦奋斗，追求卓越”的精气神；轻轻地走进图书馆，愉快地我们翻开书本，徜徉在书山书海，放飞心儿，我们寻找着渴望的知识、快乐、浪漫和未来；如鸟儿般唱着春的颂歌，我们把理想播种在山巅上，走出校门，“仰天大笑出门去，我辈岂是蓬蒿人”！

我们的青春，我们的求索……

每一个征程都回声嘹亮。我们站到了历史的前沿，用民主、科学的思想来关联祖国的命运，我们不惮以自己的身躯浇筑母校的灵魂。

2.1 难忘那教室的光亮

我们的精神在这里得到了前所未有的丰富，这非黑即白的朴素着装，因脸上洋溢的那个年代特有向上的精神而光亮，那一双双明亮的眸子投射出信徒的渴望，笔走龙蛇间，工大的学术余脉代代相传。

在这里，生长着我们了解中国、了解世界、了解宇宙的渴望。

不同的面孔上相同的是思考的表情，他们睁大了双眼，只为跟着您去作一次次探索……

这一份亲切，该尘封在多少人记忆的画板上……

简陋的教室，昏暗的灯光，老而不朽的桌椅……

让我们如此满足。

那时候，天一定很蓝，白云朵朵欢愉而缠绵。

2.2 实验室的故事

曾记否，

锤子敲打出了理论，

双手抡转出了定律。

而电动机扎扎实实在我们手中被做出来了。

——我们是如此的自豪和兴奋。

在政治与学术间，我们从未忘记过自己的使命。口号是时代的标志，成果是工大人的身份证。

小小的身影，大大的机器。
——巾帼不让须眉！

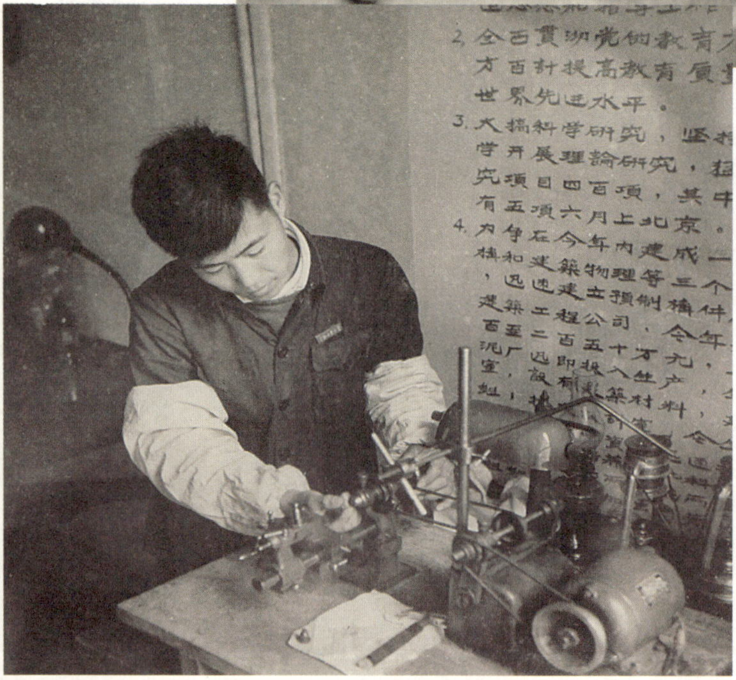

又是多少个不眠之夜，

您把实验室的黑夜熬成了白昼？

这里，

有我们心中最高标准的期望与投射。

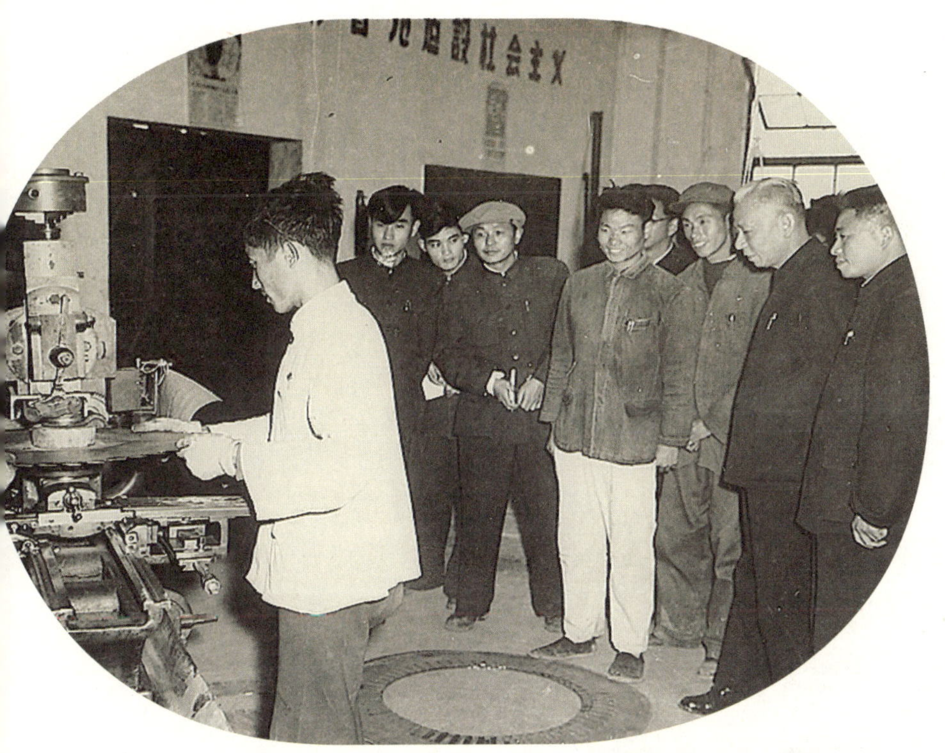

特殊的时代，
永恒的瞬间。
沉重记忆中，光荣而闪亮的一抹。
——是我们作为学人的本色执着。

就这样——从中国制造走向中国创造。

“我是一个螺丝钉，哪里需要哪里钉……”

充实了几代人的记忆，一颗颗螺丝钉，我们做出了电动机、大机床、电子加速器……

我们地大物博，我们不姓资也不姓苏，我们要用自己的双手，建设一个社会主义强国。

“中国汽车制造黄埔军校”的勋章里，有你们的一半辛劳，也有我的一半荣耀。

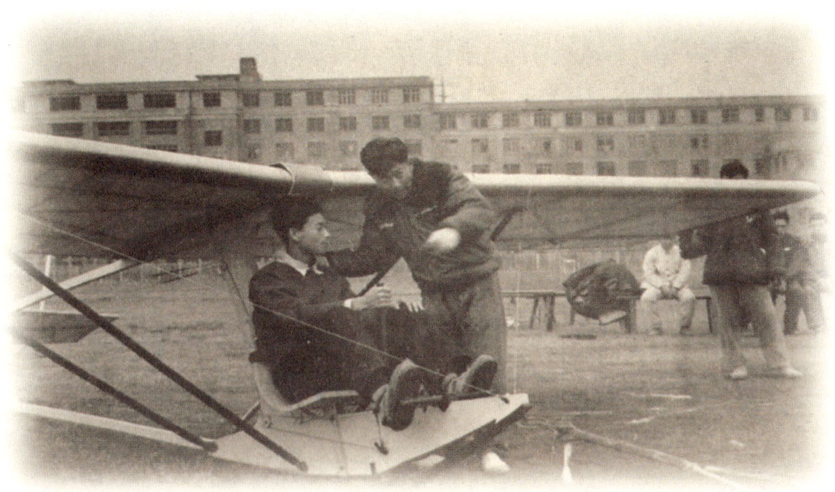

来吧，来吧，我们就要起航……

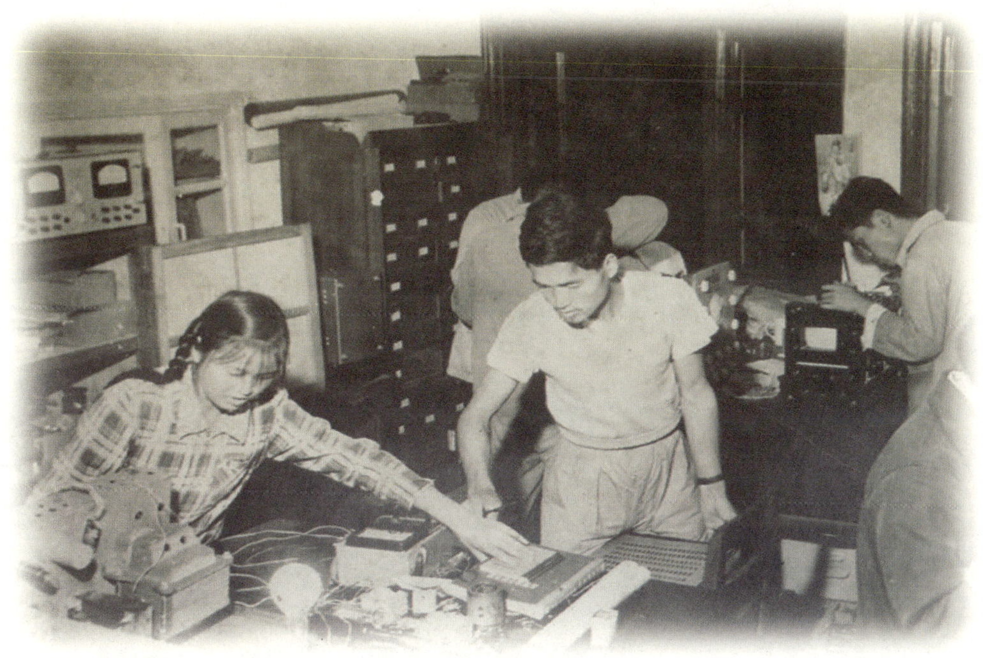

精密的推理，
严谨的核算，
不等于呆板、机械，
你是否看到，
那奔涌的才情幻生出
耀眼的科学之光！

这里没有高谈阔论，只有动脑、动眼、动手。我们坚信用双手实现梦想，我们是“现实主义的理想主义者”。

就这样，他们把自己淬炼成龙的脊梁。

2.3 书香滋味长

书是香的，滋味绵长；
工大的书香，令人回味。
工大人的读书理念和精神
叫人神往。

你是否感受到，从静谧的书林中溢出的那一丝扑面而来的清风？让人醉入其中……

因为有了书籍，狭小的空间变得无限宽广。

在接触人类精神高端的过程中，张扬我们的灵性，健全我们的人格，建构我们的精神。

在图书间巡逻，他（她）们在这里会晤昨天、今天和明天。

这里，想必是读书人灵魂最圣洁的栖息地了。

那些散发着墨香的书籍满载着他们的青春激情和理想。树荫下，草地里，独读有独读的情韵，群阅有群阅的欢愉。他们在寻找着精神的归属，从他们欢喜的脸上，我们知道，的确，他们找到了。

他们更懂得：不经一番寒彻骨，怎得梅花扑鼻香！

脸上露出的温馨微笑，是从心里溢出的快慰，那是一生受用无穷的。

读书，是一种生活，不仅获取学问，还要出思想，而且要自己动手实践；

读书，是开出一条路，此路引人进入种种境界，而路旁处处是佳境，却没有尽头。

2.4 世界是最大的课堂

“教育为无产阶级政治服务，教育与生产劳动相结合”，的主流思想或许夯实了一代人的青春。

那段日子的“锤炼”，打造了中国的脊梁。

喜看稻菽千重浪．遍地英雄下夕烟．
稻天摆开练兵场．白藤岛上收忠粮。

喜看稻菽千重浪 1969

青春的浮躁在汗水氤氲下发酵成绿色生命的欢笑。

水车的欢歌，奔跑成清澈生命的给养，看！希望照射下的笑脸多美。

“天生我才必有用”，这份来自社会大课堂的紧迫感，让他（她）们

不再那么书生气，他们对社会、对人生的理解更务实、更透彻。

栽下一棵小苗，就有了绿色森林的期待。

有哪一种学习
比它更虔诚，
看看那一双双眸子
吧！
谁说那不是一
种幸福呢？

色彩单纯的白衬衫、朴素大方的大辫子、白净的脸蛋、清新明丽的眼睛、诚挚热情的心，融入整齐划一的大时代……

他在自信地侃侃而谈，他（她）们专注地凝视着他……

这幅画，离我们有多远……

祖国的大好河山，赐予我们丰富的想象力，来构建远大的理想。

百无一用是书生？在“教育与生产劳动相结合”旗帜指引下，我们用脚步丈量每一寸土地，让知识跳跃在生产实践的每一条战线、每一个领域，师生们吃在食堂、住在工棚、劳动在井下，与矿工同吃同住同劳动。把汗水洒在田间地头，是最具活力的生命。

恰同学少年、风华正茂。

总想对您表白，我们的心是多么豪迈……

南京中山陵
合影留念
1962.10.22.

——是什么？

让我们的青春燃烧得如此热烈！

你在向往什么？追求什么？你告诉了我们：从摸索中学会“行”，你能行！

亲爱的老师，
有你同行的青春，
少了多少懵懂，
添了多少青葱的持重。

沐浴在阳光下，探寻好大一个天和地。

走出校园，阅尽青山和蓝天，原来老夫子可以这样年轻。

投身大自然，让阳光与青春作伴，原来柴米油盐可以这样浪漫！

绝顶的俯瞰，是否为你提供了新的平台和新的视角？

问苍茫大地，谁主沉浮！

您的身影，
将永远在我们前方，
领着我们，
一级一级向上。

翻开自然这本大书，我们的探索就变得无限精彩。

没有懒散或傲慢的书生意气，

他们有健硕的体魄与精神，

还有务实的头脑、美丽的眼睛和澄澈的心灵。

第三篇　吾爱吾师　理义授受

遮住我的双眼，我依然能看见您；捂住我的双耳，我依然能听见您；没有了双脚，我依然能走向您；没有了嘴巴，我依然能呼唤您；折断我的手臂，我依然能用我的心，代替双手拥抱您。

您就是我们魂牵梦绕的母校！您就是母校那些默默耕耘、知识渊博、循循善诱、启迪我们人生的老师！您是母校魅力所在的根源，是我们心中的一座座灯塔、一面面旗帜，是我们永远怀念的记忆。

不能忘记，刚进校门，就兴致勃勃地听学长们讲述代代相传的您的传奇故事，那个个精彩的片段，丰富了魅力校园，更催生了年轻生命的想象。

不能忘记，教室里、实验室、实习工厂，您引导我们进入一个个有形无形的科学、人文世界，从此，生命变得如此宏大而庄严。

不能忘记，您那渊深的学识和挺拔豪迈的气魄，却在平静而祥和的处世风格中铸就了我们心中的丰碑。是您教会了我们身心安和，恬适而不松懈，专注而不焦躁。

不能忘记，静谧的校园中那些心如平境、思想崇高、趣味雅洁、态度恳切而温和、生活朴素而谦卑的老师们。

高山仰止，景行行止。虽不能至，然心向往之。

3.1 您彩绘着工大的苍穹

不管是白昼还是深夜，也不管是会议室还是工作现场，是那些深邃的目光，清晰的思路，滔滔的宏辩，在那特殊的时空点，紧把手中的舵，让工大奔向浩瀚与壮大。

您满怀着一腔热血而至，团结着、激励着一群群、一代代工大人。

把目标定格在了一个前所未有的高度。

这定海神针的气度与决心，涵养了工大人最严谨的校风和学风。

每一个身影，都留下了或精彩或不够完美的工大故事，但都值得我们怀念。

在这里，有激烈的争论，也有平静的沟通。

道路是坚定的指向，真理是唯一的标准，发展是永恒的主题。

有了伟大精神的指引，有了坚定的信仰，更有了共同坚忍的信念和一种有责任感的担当。

于是，我们就变得春风浩荡，锐不可当。

正是在这样的学习和讨论中，营造出了工大特有的学人风范和学术氛围。

工大人自是喜欢您那蔼然而豪情的微笑。

那丰富的动作和表情是否浸染、熏陶和塑造着工大人的气质与思想？

是在研讨发展规划，还是在论证那些科研项目？或是探索改进教学方法新举措？

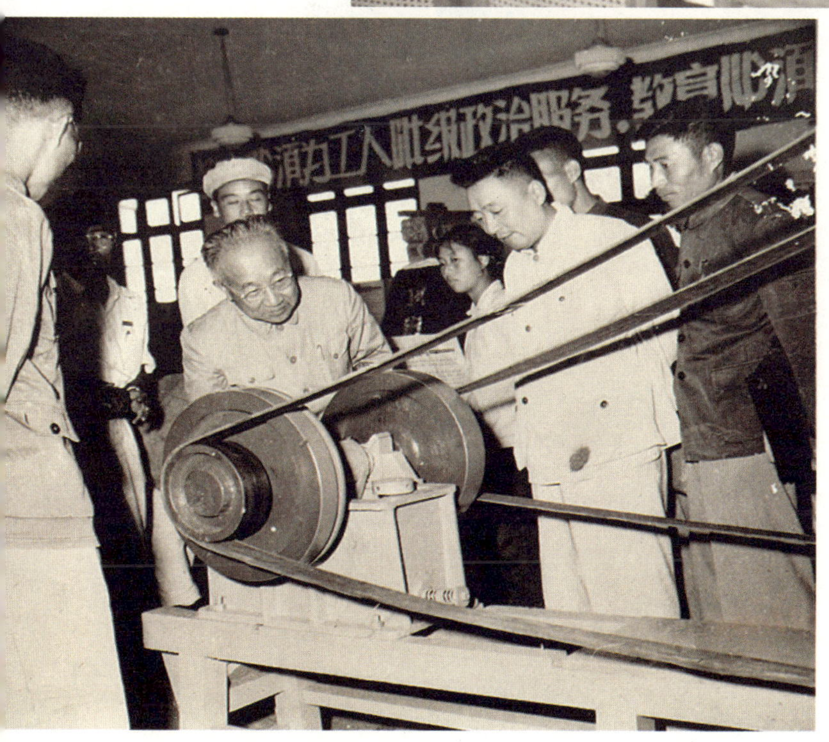

政治和学术的双重使命让每一个平凡的日子都奇崛而灿烂。

那各尽其妙的和谐留给我们无限深情怀想。

校长、领导和同学们暖意洋洋的对话，是前所未有的振奋与清新向上。

3.2 您传承着工大的精神

这一个个潇洒美丽的身影，在工大校园里留下的多彩故事，至今仍为我们所仰慕。

我们沐浴在春风里，我们健康成长在阳光下。

找到了吗？

找到了！

您找到了新的采煤技术，

您找到……

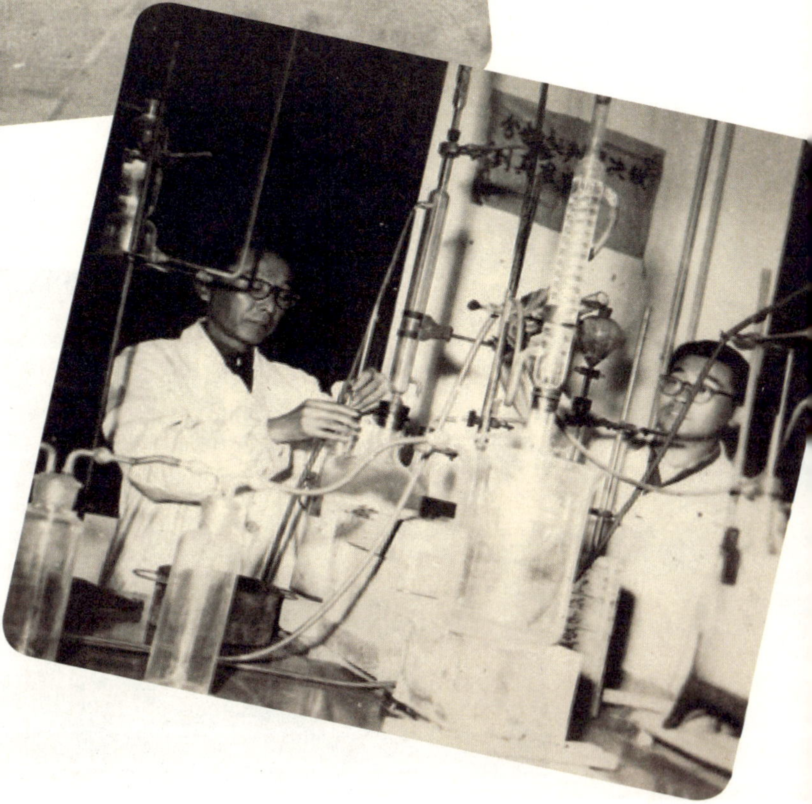

大鱼游在前，
小鱼随其后，
所谓“从游”是也。
我们乐在“从游”中成长！

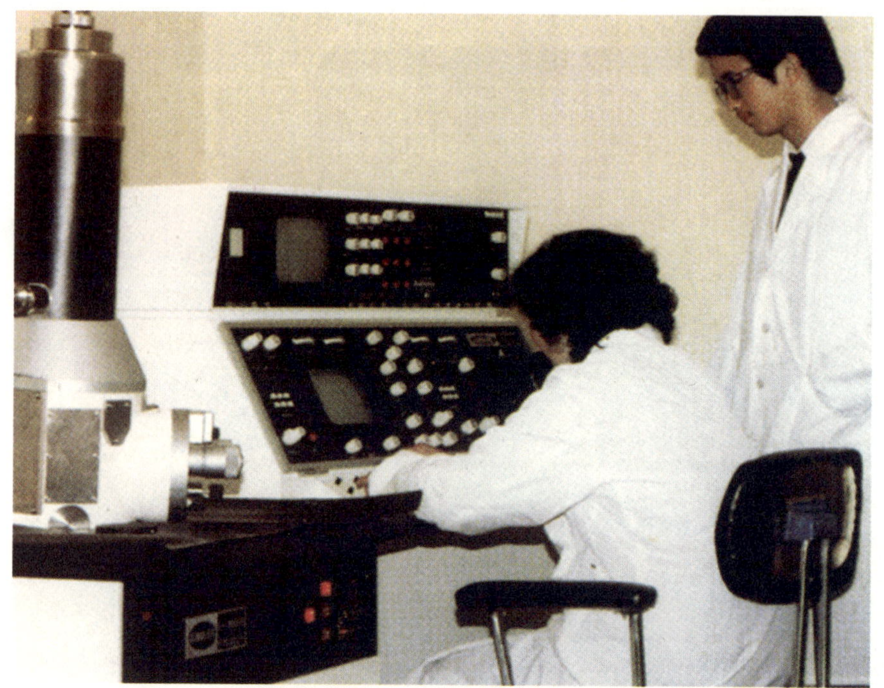

以出世的精神，做入世的事情，才有如此的专注、执着、从容……

如溪流欢唱，如江河奔腾，如海洋广博。
相信，清澈、蔚蓝是不变的色调，这洁净的活水，网住了鲜活的小鱼——在那个叫作“母校”的地方，因为有您！

3.3 您绽放在讲台的风采

您在三尺讲台上耕耘播种，潇洒的白雪飘满您的山峰，您无暇也无意顾及四季变更，您拥有的都是绿色的永恒。

没有现代化的设备，
黑的板，
白的笔，
大大小小的一行行板书，伴着五湖四海的口音……
——我们幸福怀想，那涉行在求“道”路上的历程……

这满满一墙的演示图样，是那个年代的珍贵记忆。

3.4 您窗前的灯光点亮了我们的理想

夜已深，您窗前的灯光依旧明亮。日复一日，年复一年，您深耕在那一片原野里，只为我们能汲有取之不竭的甘露，只为祖国早日富强。

在滚滚红尘之外还有另一种生活方式，

——那就是静坐板凳，寂呆书斋。

您舞步于方寸之地，却快慰地望尽天涯路。

3.5 您牵引着我们科苑摘硕果

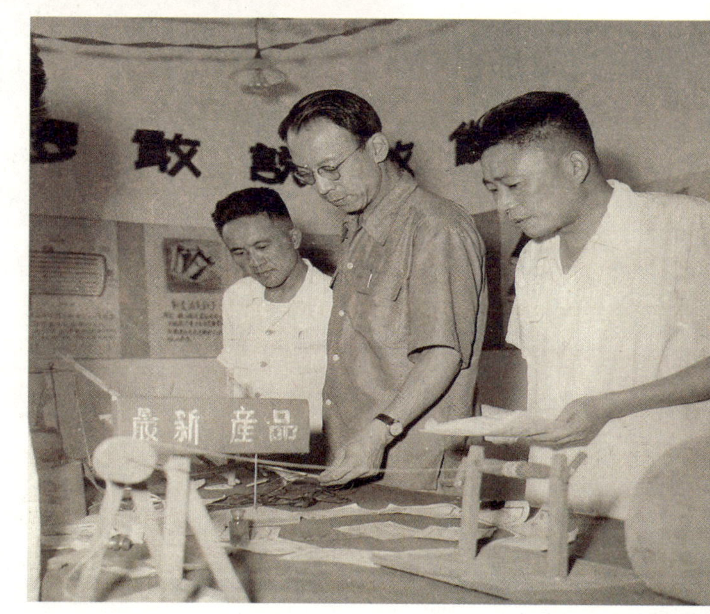

没有七彩的灯，没有醉人的酒。在您的视野里，藏着精彩纷呈的科学世界，于是，您热爱的世界绽放出了最美的花果。

鼓足干劲力争上游

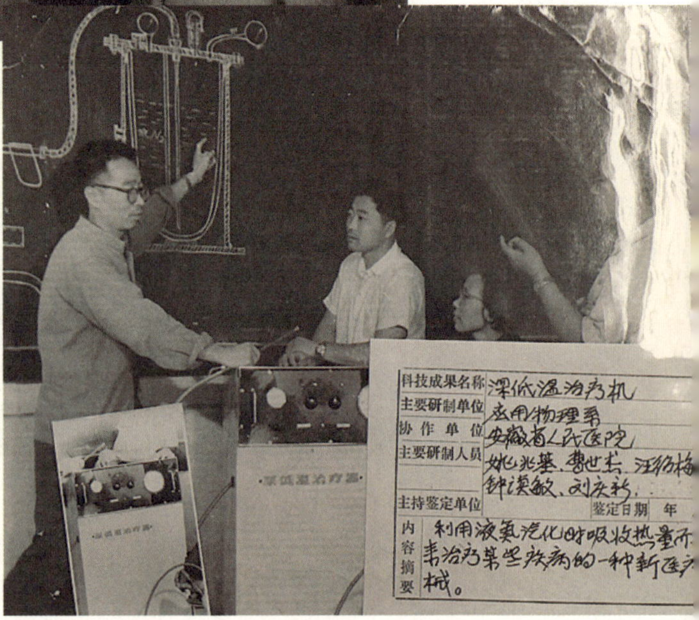
科技成果名称 深低温治疗机
主要研制单位 应用物理系
协作单位 安徽省人民医院
主要研制人员
主持鉴定单位
鉴定日期 年
内容摘要 利用液氮汽化时吸收热量
来治疗某些疾病的一种新医
械。

学习、探索、创造……是我们的通行证。

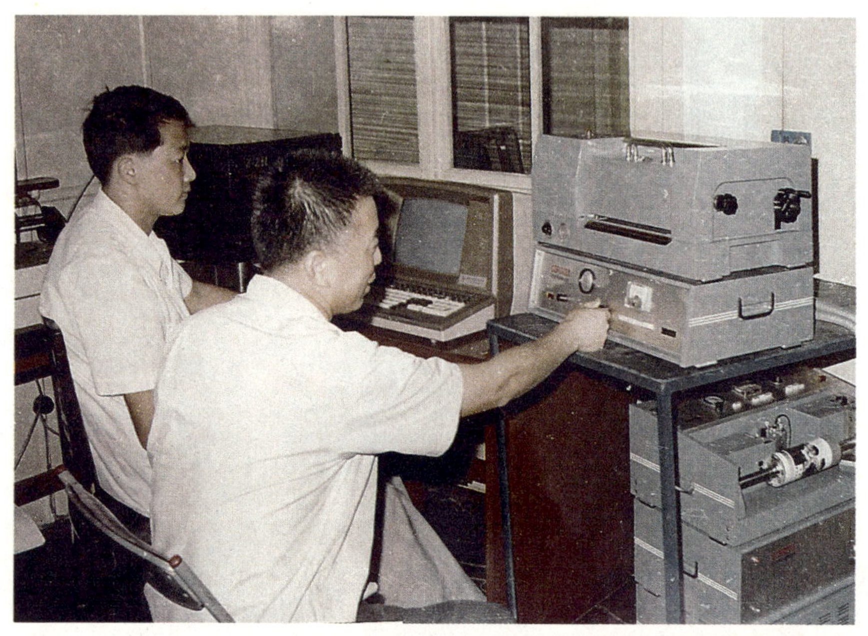

在科学之光的照耀下，您为现代人寻找到了一条精神安顿之路。

证书

获奖项目：轮式拖拉机系统计算机辅助设计开发研究

奖励等级：壹等奖

获奖单位：安徽工学院

9308001-7

中华人民共和国机械工业部

一九九三年十二月

你从世界走向工大，往来奔波，只为带来更先进的技术与理念。

我从工大走向世界，劳苦疲惫，只为育出代代学人，传承世界文明。

第四篇　我们的生活充满阳光

无论在哪个人生阶段，大学生活的回味都会让我们心旌摇曳。那是一种浪漫的思念，在时间的悠悠情思里，总能酿造出醇厚的香味儿来。

身处精英荟萃的大学校园，注定了其生活的丰富多彩。谁说大学里，没有流过汗，流过泪，甚至流过血？谁说大学里，没有感动过，狂欢过，甚至悲壮过？那师生间的辩论、同学间的温情，那参与社会的激情……不同时代的大学有不一样的精彩，但我们一定错过，对过，爱过，奔放过。火热的校园，活泼的大学文化，赤烈的青春，燃烧掉了你生命中原有的怯懦，却还你一个纯美的浩大世界。于是，你尝试了生命中太多的第一次；于是，你像鸟儿一样拥有了蔚蓝的广阔天空，而你脚下的舞台也在不断地延展开来。

曾记否，军训场上，伴随着那虎啸般的怒吼，你终究把自己定格成了钢铁战士；

曾记否，课余文艺排练的汗水和礼堂舞台上演出的掌声；

曾记否，我们誓不做东亚病夫，我们要体魄与精神共同健硕；

曾记否，我们扭着秧歌，跳着交际舞，到大蜀山野炊，去庐山和巢湖旅游……

这美好的一切瞬息都成为我们的曾经，变成亲切的怀念。凝视着这些照片，生活似乎又重新来过，而一个古老而年轻的工大正活脱脱地展现在我们眼前。

4.1 橄榄绿的召唤

我们都是神枪手，每一颗子弹消灭一个敌人……

这一张张照片拍摄于四五十年前，时过境迁，今天的我们已无法真正体验触摸上个世纪六七十年代校园学子军训的心态了。

我们可以遥想彼时，战火烧在鸭绿江边；

……或许，我们能理解他们脸上的同仇敌忾。

钢枪握在手，看！那眉宇间的坚毅与凛然，谁还胆敢来侵犯！

蝴蝶结在钢枪尖刀间飞舞。你是否为这样的青春自豪？

我们都是祖国母亲的好儿女，热血在胸，钢枪在握，哪怕那山高水又深！

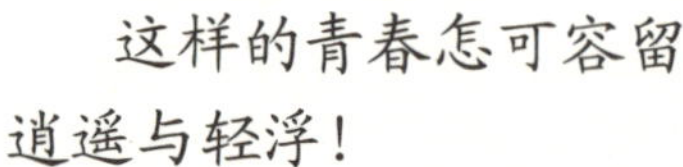

这样的青春怎可容留逍遥与轻浮！

趟艰涉险浑不怕，汗水、泪水和血水铸就了我们的钢铁意志，只为保家卫国，只为要建成社会主义的康庄大道！

你可还记着她和他们？

我们想知道她和他们！

这照片里的故事，又岂是片纸只言能够诉说完的！

4.2 多彩社团生活

我们不会静坐书斋、闭门造车，我们关注国家、关心人民、发展自我，我们是人群中光芒闪射的火花。

忘记了剧内剧外，忽视了台前台后，在真实与虚构，在角色与自我中，狂飙的才情与刻骨的悲喜书写了我们活过、苦过、乐过的青春名字。

不再拘泥书本笔墨，不再忍受逍遥，而宁愿去做一个踏实的梦，一个投入青涩感悟、成长痛苦与人生期待的梦。

背起行囊，我们就要出发，不经历两万五千里的淬炼，燃烧的生命岂能甘心。

演出前的排练已让我们忘记时光。

文艺梦的青年，

在诗意的结构里去追求，去实现！

菁菁校园里，因为艺术之魂的默契，幻出一个情感缤纷的舞台，去享受那人生至悲至喜的跌宕；在诗话的意境里，摩挲我们精神骨骼的成长。

这样简单的着装，你会觉得单调吗？这样规整的造型，你会觉得呆板吗？

我们只想把它放大再放大……把每一张如此美丽、英气逼人的脸庞收藏！

而你们，是否读出了每一张自信青春笑脸中那为同学、为母校、为国家民族尽一点力的虔诚心意。

母校记住了你们，曾经的风华正茂。

今日的回望，能否沉淀成嘴角那一抹自豪的微笑。

毛泽东思想小板车宣传队

1967.10

历史见证了那大时代的氛围。曾经不可逆转的生命经历，定格在这一瞬间。读着它，该泛起多少思量的波澜？

朴素还是华美，
我们一样地激情演出，
一样地拥有人头攒动的万千粉丝。

每一段历史，
都值得我们深思。
铭记历史，
缅怀先烈，
珍爱和平幸福。
我们立志，
开创更加美好的未来！

合肥工业大学革委会毛泽东思想宣传队全体队员留影 1969.5.7.

是什么浇灌了母校这块神奇的精神沃土？
让我们传承并演绎中国知识分子的传统与精华！

那份赤诚，那份忠心，张扬着时代青年的血性！

红旗飘扬在蓝天下，鲜花盛开在人群中，报国的赤诚绽放在我们心中。

昔枭雄量兵竞霸业，
今吾辈淬炼展风流。

4.3 体育掠影

少年强则国强，少年独立则国独立；少年胜于欧洲则国胜于欧洲，少年雄于地球则国雄于地球。

我们跨越了胆怯、散漫、虚无、怀疑、轻率……

我们奔向勇毅、执着、笃实、坚定……

我们传递着热情、坚持、力量、信念……

我们豪情万丈地走向成功、胜利、光明……

崇实、尚新、努力、拼搏。我们勇夺“全国体育运动红旗”，傲然位于全国三强之列。

一声震天动地的怒吼，举起的是责任、担当……

凝神屏息，射出去的是理想、憧憬、希望……

女排姑娘们，你们横扫中国大学排坛的故事早已传成佳话。

如果再选择，我们还要做同学，做球友！

起球！掀开中韩交流新篇章。

这穿针引线的欢喜来自……

各位好好去揣摩吧！

你那健美的身姿，成为多少人美丽的记忆。

奋力一跳，
我们就越过了
一切艰难。

奔跑吧，那是我们永恒的姿态！

我院荣获一九五七年合肥市田径运动大会团体总分第二名

全国高校大学生手球联赛闭幕式
全国高校手球联赛
第一名

4.4 文艺生活

我们不仅演绎历史，我们还展现现实。中国的文化艺术博大精深，不仅在舞台上大放异彩，也生生不息地滋养着我们的精神。

身手矫健、移步轻盈的老领导、老教授，你们是要和学生们齐欢同乐吗？

青年是最热情、最纯洁、生命力最强硕的那一部分人，我们岂能甘心“读书以外无生活”的生活，到美丽的大自然中去歌唱我们的青春，歌唱美好生活吧。

是在歌唱青春勃发的祖国，还是在吟诵甜蜜醉人的生活......

记下了，
记下了你烂漫的青春！
记下了你怒放的生命！

一根绳的较量
叫作——
绝不放弃！

在享受精神盛宴后，
来到这里
——“吃在工大”！

难得忙里偷闲，来一次楚汉之争，看谁更技高一筹。

一杯清茗，三五好友，是在探讨“劳动人民怎样创造了历史”，还是在学习“什么是高斯噪声”？

第五篇　迎着永恒的东风

如果一所大学遗然世外，封闭于象牙塔，她就会陷入不知今夕何夕的尴尬，那她只能是矮子；如果一所大学弄浪潮头，勇担民族、社会责任，与国家、人民同呼吸，共命运，与世界对话，那她一定会芝麻开花节节高，成为巨人。合肥工业大学滥觞于民族独立之时，把责任扛在肩上，在建设一个新世界的大时代，她迎着朝阳和东风，弦歌高唱，每一个脚步都走得那么豪迈。

正因为我们的担当，工大人艰苦奋斗、自强不息，我们才得到了广泛认可，共和国几代领导人也自始至终关心着合肥工大的发展。刘少奇、朱德、董必武、陈毅、邓小平、江泽民、乔石、李岚清、吴邦国、刘延东等党和国家领导人对学校的发展提出殷切的期盼和要求，甚至多次亲临指导，与工大人共话发展。

问渠哪得清如许，为有源头活水来。今日之工大，站在巨人的肩膀上，迎接着永恒的东风，集纳着鲜活的血液，春风桃李满天下。

5.1 国家领导人与工大

1979年7月，邓小平同志莅临安徽黄山视察。16日，邓小平同志亲笔为学校题写了校名。

合肥工業大學

1960年2月23日，中共中央政治局常委、中央委员会总书记邓小平同志，中共中央政治局委员、中共中央书记处书记彭真同志，中共中央书记处候补书记刘澜涛、杨尚昆同志来校视察。

1958年10月19日，中共中央副主席、全国人民代表大会常务委员会委员长刘少奇同志来校视察。

1960年6月27日，中共中央副主席、全国人民代表大会常务委员会委员长朱德同志来校视察。

1960年5月11日，中共中央政治局委员、中华人民共和国副主席董必武同志来校视察。

1961年11月4日，中共中央政治局委员、国务院副总理兼外交部部长陈毅同志来校视察，并在学校主楼广场向全校师生员工作外交形式报告。

1994年4月24日，中共中央总书记、国家主席江泽民同志参观学校科技展台。

1994年4月25日，中共中央政治局常委、全国人民代表大会常务委员会委员长乔石同志参观学校展台。

1994年4月27日，中共中央政治局委员、国务院副总理李岚清同志参观学校展台。

2009年7月6日，中共中央政治局常委、全国人大常委会委员长吴邦国同志（前左三）视察学校高新技术企业和产学研基地。图为合肥工大高科信息技术有限责任公司总裁魏臻向吴邦国委员长介绍公司情况。

2008年9月27日，中共中央政治局委员、国务委员刘延东同志（左八）在教育部部长周济同志、安徽省长王三运同志等省部领导的陪同下，视察学校翡翠湖校区。图为视察后与部分校领导合影。

1995 年 10 月 7 日，安徽省长回良玉同志参加学校五十周年校庆典礼。

1999 年 7 月 25 日，教育部部长陈至立同志来校视察指导工作。

2004 年 4 月 9 日，教育部部长周济同志来校视察指导工作。

2005 年 10 月 6 日，教育部副部长袁贵仁同志参加学校六十周年校庆典礼。

2009 年 4 月 27 日，教育部副部长陈希来校调研深入学习实践科学发展观活动。

2009 年 9 月 8 日，教育部党组成员、中纪委驻教育部纪检组组长王立英来校调研。

2011年11月8日至11日，第七届中国国际徽商大会暨第十一届中国（合肥）自主创新要素对接会在合肥举行。会展期间，在安徽省委书记张宝顺、省长王三运等的陪同下，全国政协副主席何厚铧兴致勃勃地参观了教育部展区，听取了学校副校长韩江洪的介绍。

2012年7月28日，教育部副部长、党组副书记杜玉波来校视察指导工作。

2012年8月27日，工业和信息化部部长兼党组书记苗圩一行视察学校海南研究院。

2012 年 8 月 30 日，教育部副部长李卫红来校视察指导安全稳定工作。

2013 年 5 月 22 日，中共安徽省委副书记、省政府代省长王学军一行来宣城校区视察指导工作。

2013 年 6 月 7 日，中共安徽省委副书记李锦斌来校调研。

2013年8月8日，国务院学位委员会副主任兼秘书长，教育部副部长、党组成员杜占元来校视察。

2014年10月14日，中共安徽省委书记张宝顺一行赴宣城校区视察指导工作。

2015年8月18日，教育部副部长林蕙青来学校视察。

5.2 国际交流

巍巍大别山从未挡住过我们的视线和脚步，襁褓中的合肥工大就追求与世界潮流同行，与世界范式接轨。我们种下梧桐树，引来洋凤凰，我们的足迹遍及世界学术圣殿。

工大人，具有“迎客松”的品格，不固步自封，

五湖之内皆兄弟、四海之际皆朋友，

营造了一个广阔的国际合作交流平台。

在送出去，迎进来的游走间，努力登高远眺……

举起友谊之杯吧！我们一起向更高处、更远处进发！

美国副国务卿罗伯特·霍尔迈茨来校访问，开启中美绿色汽车合作新纪元。

5.3 人物竞风流

在这片我们洒满汗水的土地上，涌现出了众多才华横溢、学富五车、桃李满天下的风流人物，他们是合肥工大壮美图画的彩绘者。他们就像那耀眼的星星，推动着工大这艘巨轮扬帆远行，江山代有才人出。而今，我们更欣喜地看到，在这片殷实的沃土上，一棵棵小树苗壮成长为参天大树。

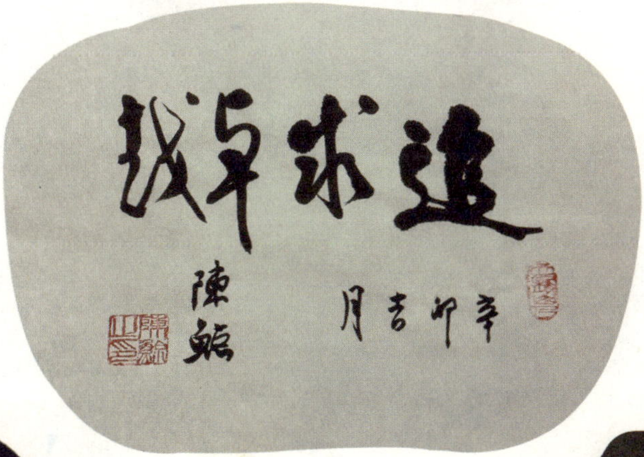

追求卓越

第六篇　明天会更好

不管是四年、五年、八年还是多少年，你已深深烙在我的生命里了。在最美的年华，我们与你相遇。于是，风声、雨声、读书声，声声入耳；家事、国事、天下事，事事关心。因为你的滋养，我们有了水晶一般的心，火一般的热情，骄阳似的自信和蓝天白云下生长的蓬勃生命。

一年又一年，在每一个流火的七月，我们唱响了毕业的骊歌。满载着沉甸甸的收获，深深地呼吸着这熟悉而难舍的轻松、自在、快活的空气，我们即将开启新的征程。

忘不了，理想随斛兵塘白鸽振翅昂扬，青春的激情化作春华秋实路上不停地奔跑，那柔曼艳丽的樱花哟，你窥视了我们多少甜蜜初吻的羞涩，还有湖畔依依杨柳风中迎来送往的情深……

亲爱的母校，请留下儿女们飞翔时驻足的缱绻！让你我间丰腴绵长的情思伴我一生；亲爱的同学，用你心灵的快门摄下校园内的一景一物，记下这里的一人一事！

听啊，起航的钟声已经响起：东风正劲，张开你的帆，去乘风破浪，把母校的祝福，挂在桅杆上，待到满载而归时，再来寻重逢的岸！

6.1 毕业季的节奏

每一双眸子里，有不舍，有感恩，有憧憬……每一张笑脸上是自信，是豪迈，是渴望……

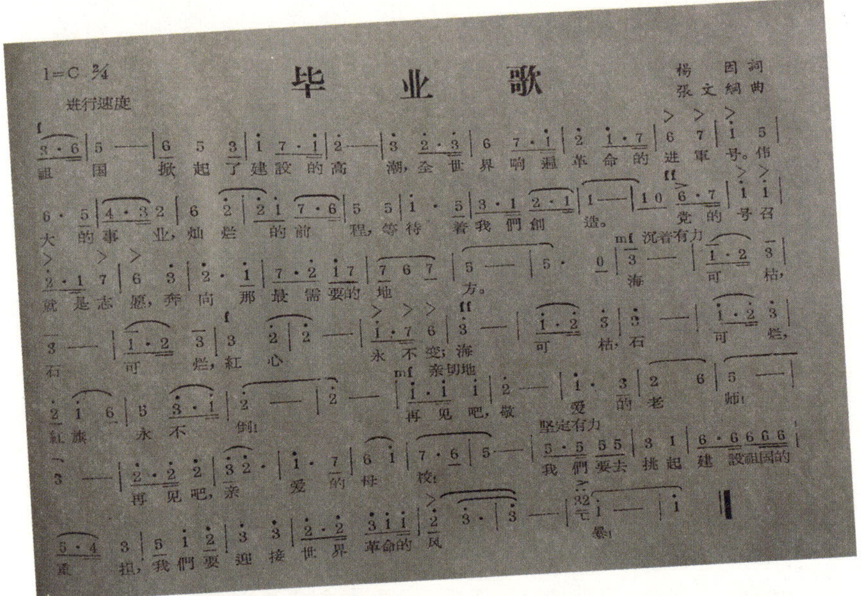

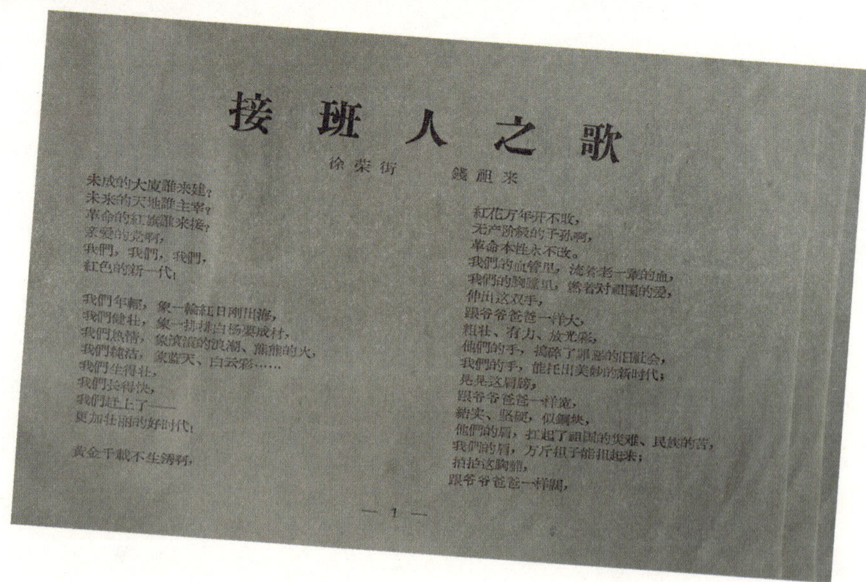

接班人之歌

徐棠街　錢祖来

未成的大廈誰来建？
未来的天地誰主宰？
革命的紅旗誰来接？
亲爱的党啊，
我們，我們，我們，
紅色的新一代！

我們年輕，象一輪紅日剛出海，
我們健壮，象一排排白杨要成材，
我們热情，象滚滚的浪潮、熊熊的火，
我們純洁，象蓝天、白云彩……
我們生得壮，
我們長得快，
我們赶上了——
更加壮丽的好时代！

黄金千載不生锈啊，
紅花万年开不敗，
无产阶級的子孙啊，
革命本性永不改。
我們的血管里，流着老一辈的血，
我們的胸膛里，燃着对祖国的爱，
伸出这双手，
跟爷爷爸爸一样大，
粗壮、有力、放光彩，
他們的手，捣碎了罪恶的旧社会，
我們的手，能托出美好的新时代；
晃晃这肩膀，
跟爷爷爸爸一样宽，
結实、坚硬，似鋼块，
他們的肩，扛起了祖国的灾难、民族的苦，
我們的肩，万斤担子能担起来；
拍拍这胸膛，
跟爷爷爸爸一样阔，

— 1 —

合肥矿业學院矿山机电系矿山机电専业毕业設計荅辩

八七届硕士論文

合肥工業大學地質系
八七届碩士論文答辯會

合肥工业大学首届博士学位论文答辩会

幸福的花儿，绽放在阳光里。我们将一如既往地继承和发扬工大人“艰苦奋斗、自强不息、追求卓越、勇攀高峰”的精神传统，去开创更加美好的明天。

母校在心中，路在脚下……

再见，母校；再见，我亲爱的同学！

主楼前，留下我们永久的眷恋。

建筑学631班毕业纪念

亲爱的同学，何时能再见你雕梁画栋！

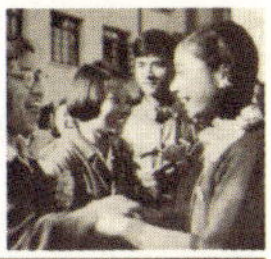

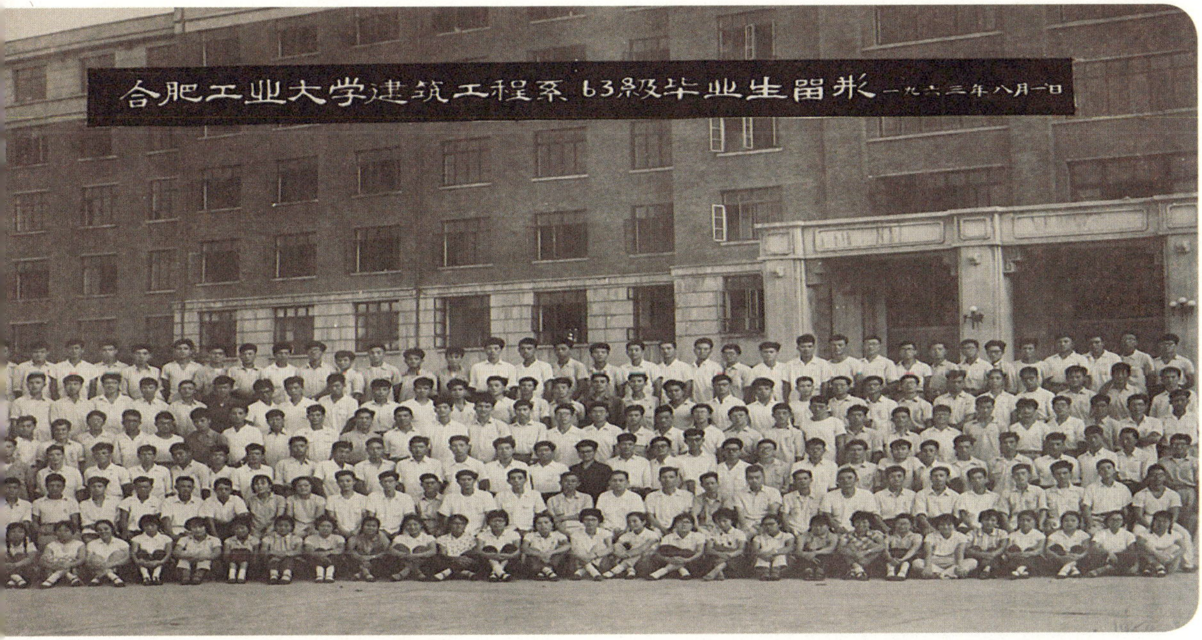
合肥工业大学建筑工程系63級毕业生留影 一九六三年八月一日

主楼前，我们记住了同一个名字——工大人。

合肥工业大学6101班全班留念 1958.10.17于大通

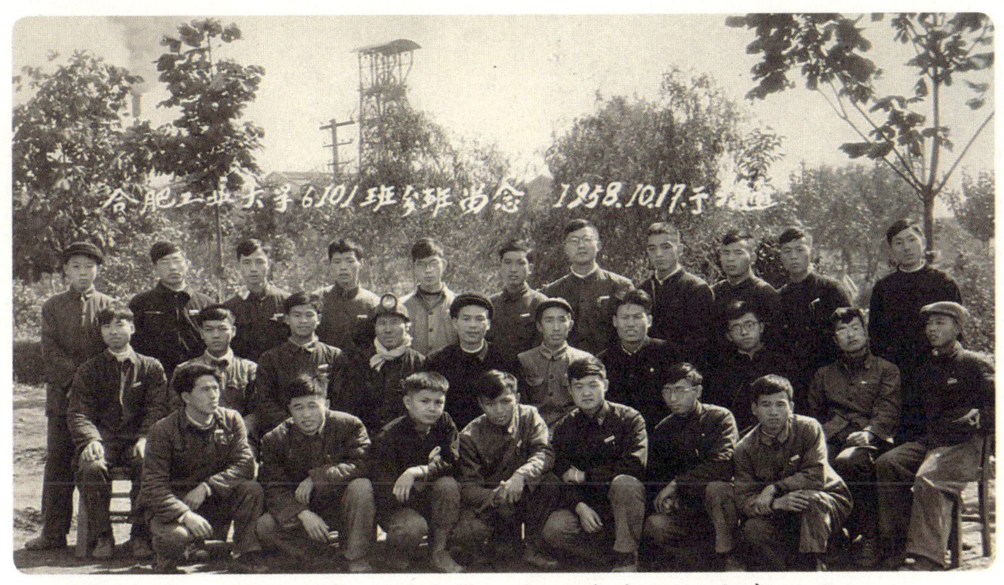

那些年岁，那些人事，那些景，都记在我们的生命里了。

您温暖的目光关注我，悠悠的期待化为久久的约定！

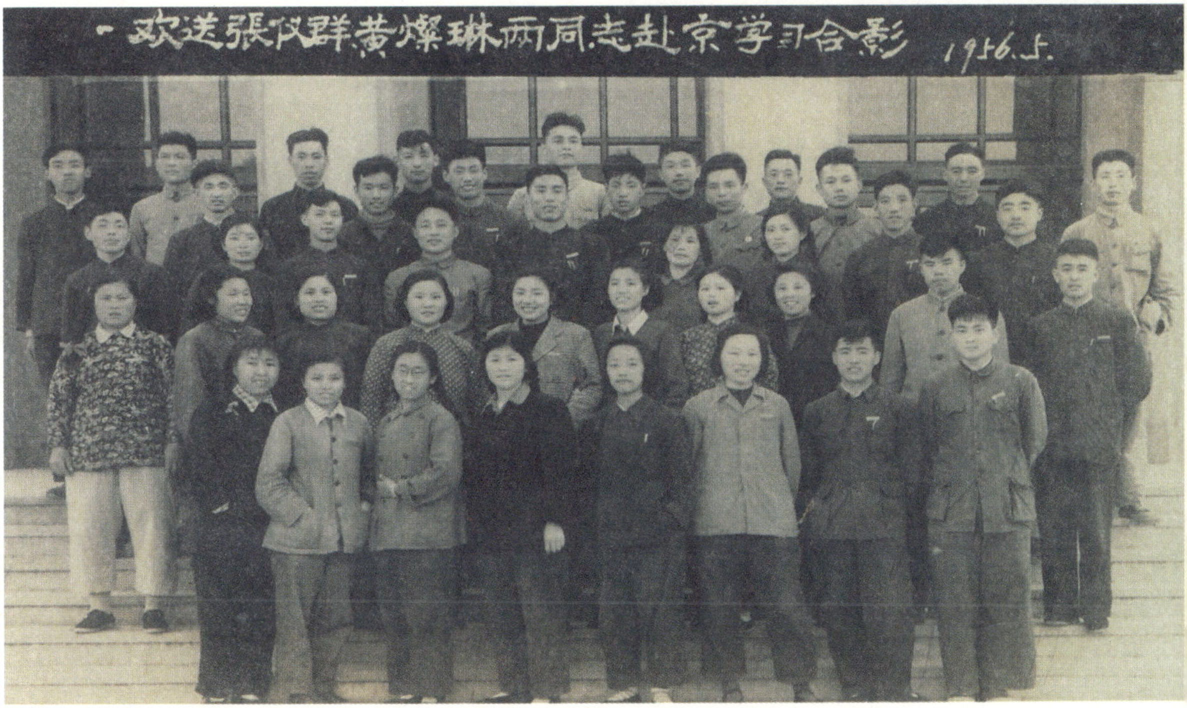

欢送張仪群黄燦琳两同志赴京学习合影 1956.5.

我们的脚步是如此豪迈，

为了母校永远的荣誉，我们都不会退缩。

主楼听到了你们胸中不舍的恋曲和投身社会的豪壮。

海内存知己，天涯若比邻。

为了明天的辉煌，任重而道远的工大人，让我们一起努力吧！

合肥工业大学电机系电制67-1

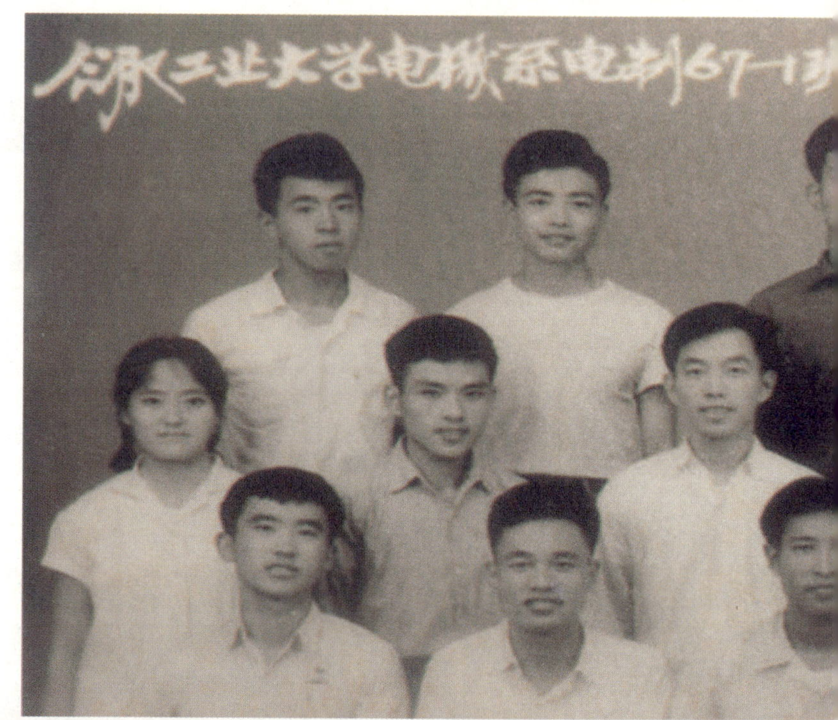

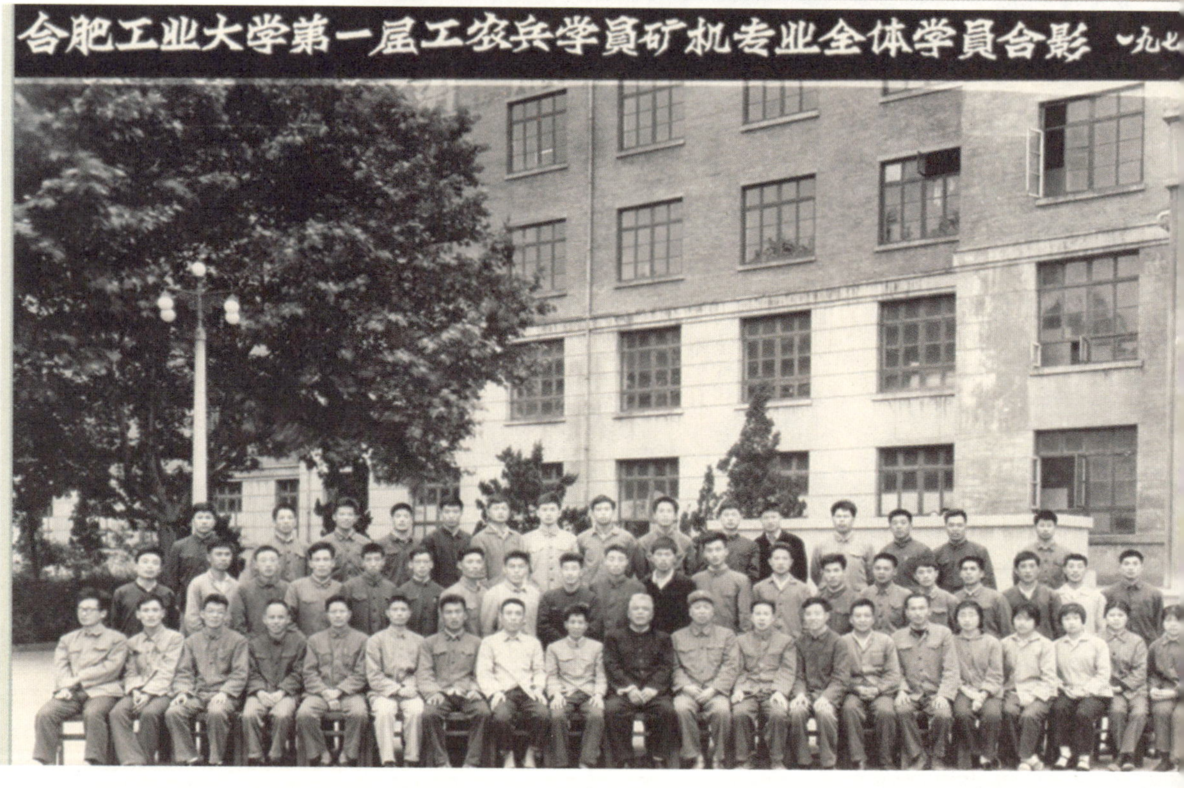
合肥工业大学第一届工农兵学員矿机专业全体学員合影 一九七

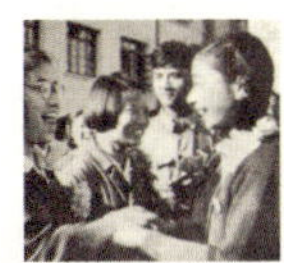

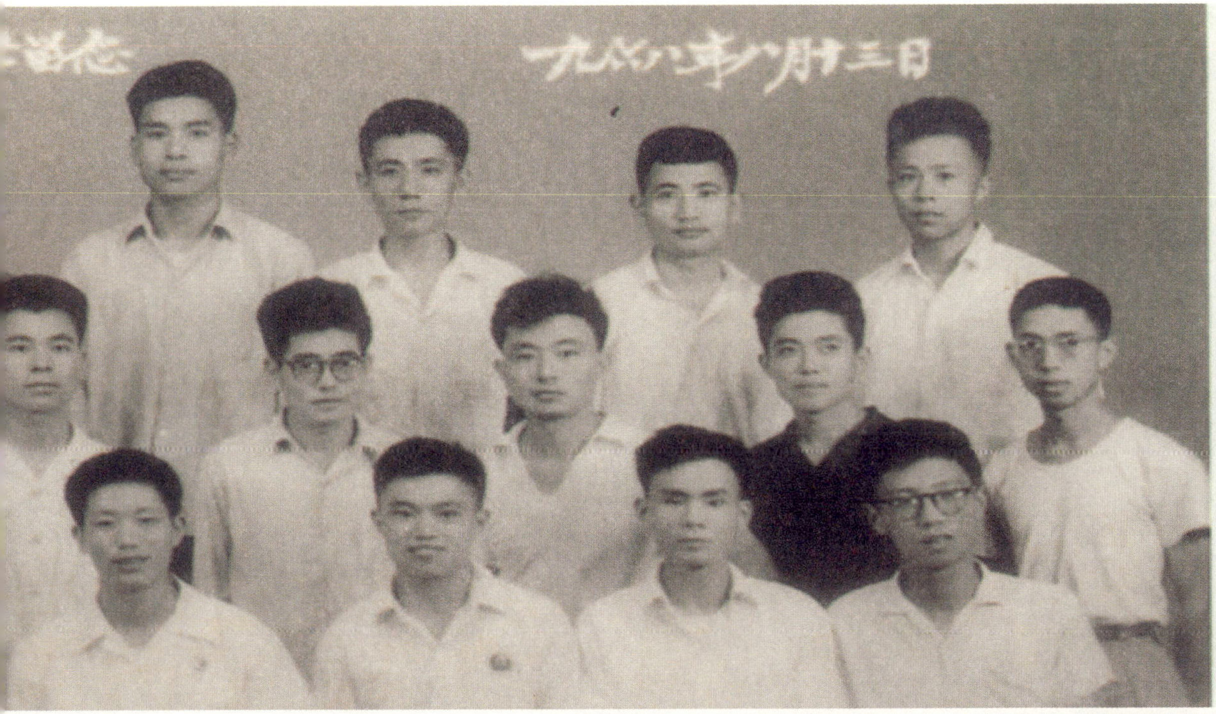
一九六八年八月十三日

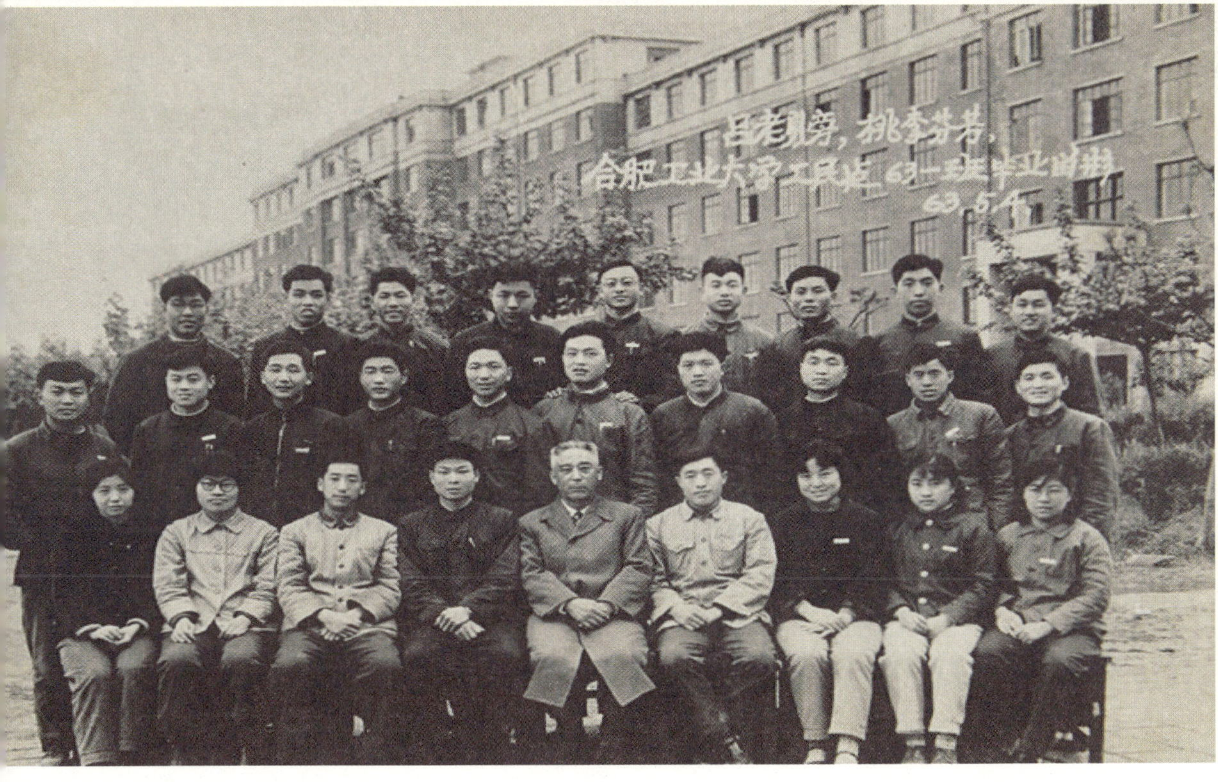
吕老身旁，桃李芬芳，
合肥工业大学工民建63-1班毕业留影
63.5.4

合肥工业大学金属热处理七八届毕业留影 一九七八年八月

我们分别在阳光下，
将会相聚在春风里。

聚是一团火，散是满天星。

一机部合工大英语进修班结业留念

一九八〇年元月于肥

you speak english very well,where did you learn it? abroad?

——"NO, I did not learn it abroad. I Learnt it at Hefei university of Technlology!"

今日的依依惜别，也是为了来日的热烈相聚。

懵懂、青葱，你是我青春的见证。

这一支送别的歌，在心中该低吟多久？

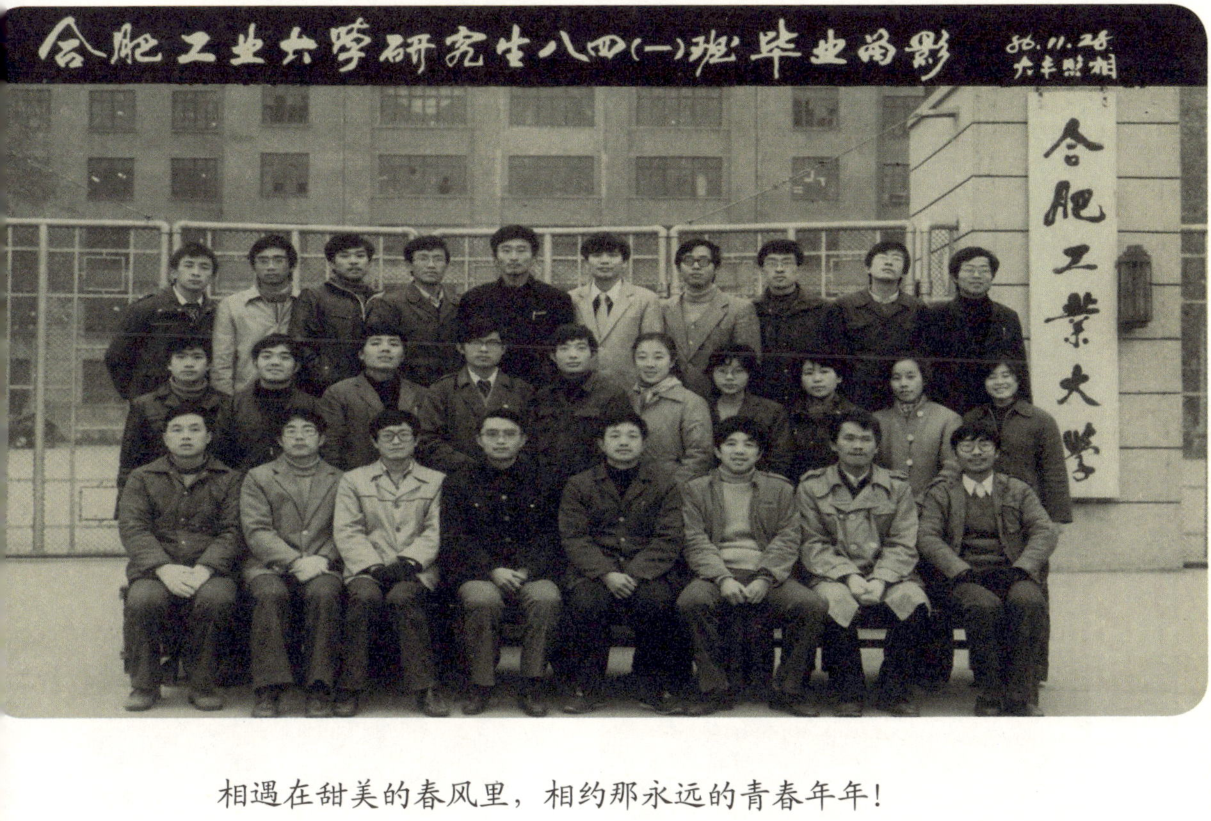

合肥工业大学研究生八四(一)班毕业留影 86.11.28

相遇在甜美的春风里，相约那永远的青春年年！

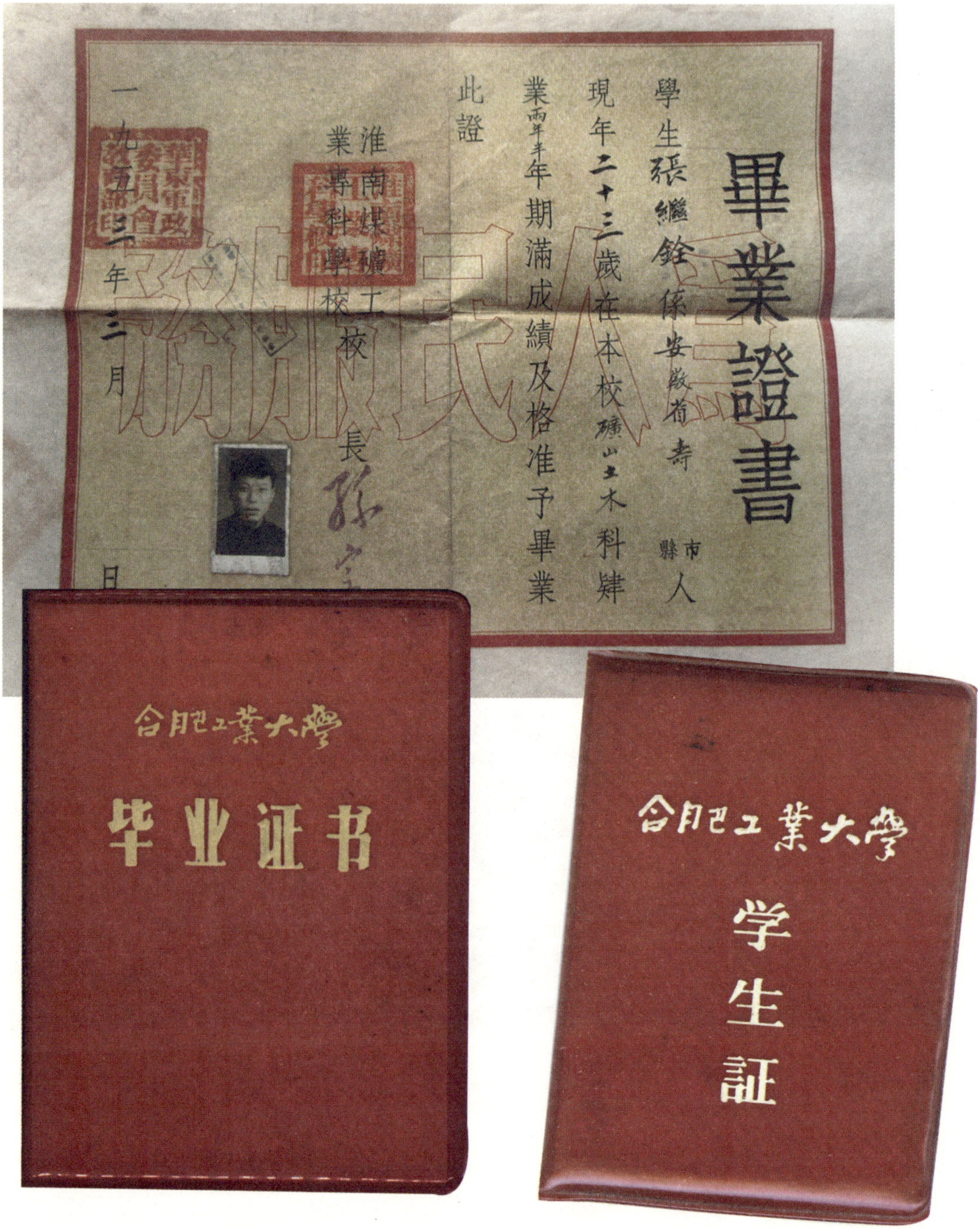

畢業證書

學生張繼銓係安徽省壽縣(市)人

現年二十三歲在本校礦山土木科肄

業兩年半年期滿成績及格准予畢業

此證

淮南煤礦工業專科學校校長 孫

一九五二年三月 日

合肥工業大學

毕业证书

合肥工業大學

学生証

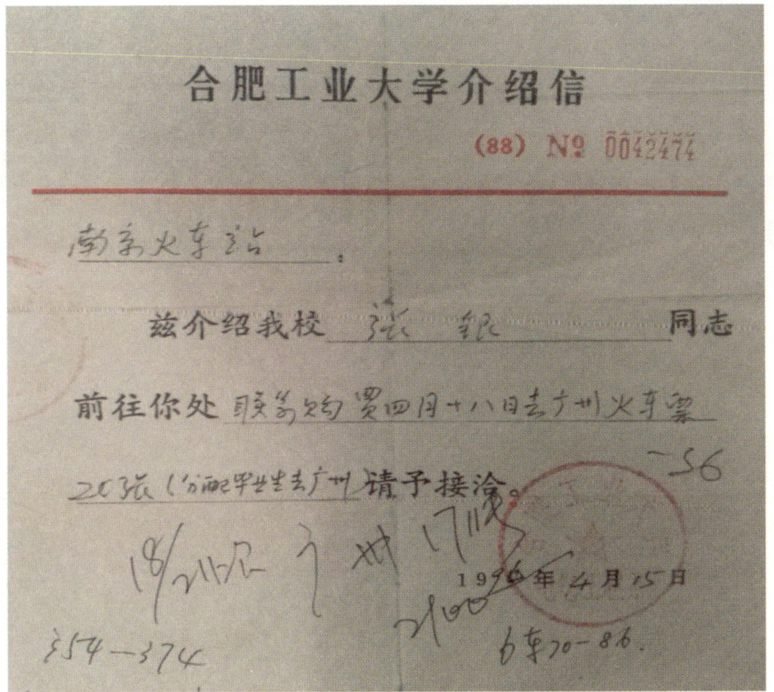

合肥工业大学介绍信

(88) № 0042474

南京火车站：

兹介绍我校 张银 同志

前往你处 联系购买四月十八日去广州火车票 20张（分配毕业生去广州） 请予接洽。

199[illegible]年4月15日

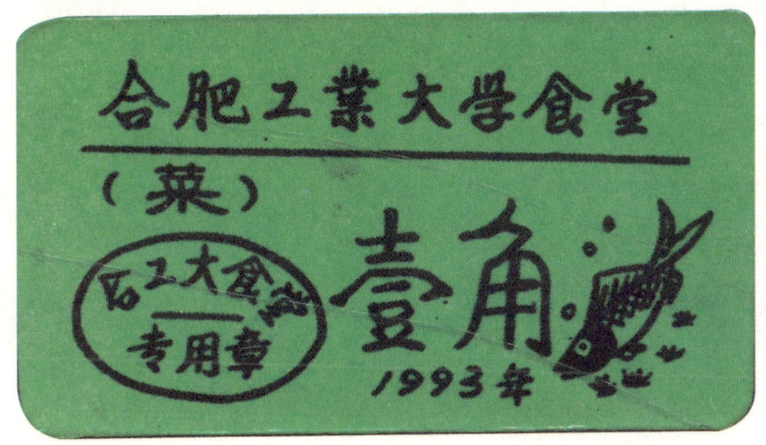

專 工

合肥工業大學

合肥工業大學

合肥工業大學

HEFEI UNIVERSITY OF TECHNOLOGY
合肥工業大學
1945

合肥工業大學

HEFEI UNIVERSITY OF TECHNOLOGY
—1945—
合肥工業大學

6.2 重逢

我的恩师，我的同学，再相聚，往事和前事如波澜涌动。当我们再一次回望校园生活时那些细腻的幸福瞬间，再一次憧憬着母校的美好明天，我们多么希望还能幸福、平静地坐在那些大树下、亭榭中，阅山阅水读人生……

顾绳谷校长在广州 '93 5 3

合肥工大广东校友会第

生命中总有一些时光最珍贵，心底里总有一些人难忘记。

同学是缘分，校友是天意。母校是我们心底长长久久的思念，时时刻刻的挂记。

次代表大会合影 1998.7.18 广州珠岛宾馆

相聚，给予我们无尽的欢乐和青春的记忆。

老同学，别来无恙？

岁月三十余载，情谊越醇越坚。

母校，我们回来了！

睽违数十载，一会豁素诚。

同学，你好！

母校，你好！

合肥工业大学在沪离退

好大一个家！

我们的目光，投向一个共同的地方，
那就是——母校“合肥工大”。

我们听到了一个共同的声音，那是母校的呼唤。

時光印記

归去来兮，路遥心急。

后　　记

金秋十月，丹桂飘香。满怀着期待，校党委宣传部策划出版的建校七十周年校园文化丛书之《时光印记——工大老照片的故事》付之梨枣，与广大师生、校友和读者朋友们见面了。

《时光印记——工大老照片的故事》汇集了近400幅珍贵图片，生动、形象地向读者介绍了学校70年来的发展足迹，以及教学管理、科学研究、校园生活、社会实践等令师生、校友们难以忘怀的情景。

本书是在校党委宣传部的组织下举全部门之力编撰而成的。期间，我们多次召开策划会，广泛征求师生、校友的意见，在综合各方意见的基础上，确定本书的撰写思路和基本内容。

陈心昭老校长、马文老师、鲍良弼老师、王永庆老师、谢如霖老师、朱燕生老师、朱文予老师、王章豹老师、侯昱老师、崔景明老师和陈鲸校友、张彪校友、陶振西校友、谭兴源校友、李志国校友、陈榕榕校友、吴政荣校友、桂大林校友等为本书提供了图片资料，并提出了许多宝贵意见，在此一并表示感谢。

本书的出版得到了档案馆、离退休工作部、校友会等部门的大力支持。在编撰过程中共收集到两千多张照片，其中相当一部分照片来自于校内老师、离退休老同志及校友，在此，我们对提供图片资料的全体同志表示衷心的感谢。

在校庆70周年之际编撰出版这本书，我们希望能以较成熟的状态呈现给各位读者，但在图片的收集过程中我们遇到了许多困难，同时因为是初次尝试出版此类图书，再加上编者知识水平的局限，书中难免有许多不尽如人意之处，敬请广大师生、校友谅解，并加以批评指正。

编　者

2015年9月